KB040936

공공선을
위하여

촘스키, 세상의 권력을 말하다

공공선을 위하여

초판 1쇄 발행 2004년 4월 12일
초판 16쇄 발행 2013년 1월 18일
2판 1쇄 발행 2013년 12월 9일
3판 1쇄 발행 2017년 7월 3일

지은이 노엄 촘스키
인터뷰어 데이비드 바사미언
엮은이 아서 네이먼
옮긴이 강주헌
삽화가 김용민
펴낸이 김성실
제작 한영문화사

펴낸곳 시대의창　　**등록** 제10−1756호(1999. 5. 11)
주소 03985 서울시 마포구 연희로 19−1 4층
전화 02)335−6121　　**팩스** 02)325−5607
전자우편 sidaebooks@daum.net
페이스북 www.facebook.com/sidaebooks
트위터 @sidaebooks

ISBN 978−89−5940−647−0 (03300)

잘못된 책은 구입하신 곳에서 바꾸어드립니다.

HOW THE WORLD WORKS
Copyright ⓒ 2011, Noam Chomsky
All rights reserved.

Korean translation copyright ⓒ 2013 by Window of Times
Korean translation rights are arranged with Counterpoint LLC. via Pubhub Literary Agency

이 책의 한국어판 저작권은 PubHub 에이전시를 통한 저작권자와의 독점 계약으로
도서출판 시대의창에 있습니다. 저작권법에 의해 한국 내에서 보호를 받는 저작물이므로
무단 전재와 무단 복제를 금합니다.

이 도서의 국립중앙도서관 출판시도서목록(CIP)은
서지정보유통지원시스템 홈페이지(http://seoji.nl.go.kr)와
국가자료공동목록시스템(http://www.nl.go.kr/kolisnet)에서 이용하실 수 있습니다.
(CIP제어번호: CIP2017014378)

촘스키, 세상의 권력을 말하다

촘스키
CHOMSKY

공공선을
위하여

노엄 촘스키 지음
데이비드 바사미언 인터뷰 · **강주헌** 옮김

시대의창

일러두기

＊이 책은 *HOW THE WORLD WORKS*(Interviewed by David Barsamian, Edited by Arthur Naiman, Soft Skull Press, Berkeley, 2011)에 수록된 *The Common Good*(Odonian Press, Berkeley, 1988)을 한국어로 옮긴 것이다.

＊이 책의 한국어판은 2004년 《촘스키, 세상의 권력을 말하다 1》(강주헌 옮김, 시대의창)로 처음 출간되었다.

정당성을 인정받지 못한 권력 구조는
국민이 저항을 통해 바꿔야 한다

"좌익에는 레닌주의자도 포함되지만, 내 생각에 레닌주의자는 많은 점에서 극우에 가깝습니다. 레닌주의자들은 정치권력을 욕심냈습니다. 어느 집단보다 정치권력을 탐했습니다."

깜짝 놀랄 말이다. 촘스키는 이렇게 주장한다. 그 이유는 간단하다. 그들은 공공선을 최우선으로 생각지 않았기 때문이다. 물론 어떤 지배자나 공공선을 최우선으로 생각한다고 떠벌린다. 언론도 그렇고, 대기업도 입으로는 그렇게 말한다. 한 나라에서 가장 큰 권력을 지닌 세 집단이 그렇게 말하니 대다수 국민은 그렇게 믿는다.

경제의 세계화가 확산되면서 부자는 더 부자가 되었고 가난한 사람은 더 가난해졌다. 2011년 9월 월스트리트를 기점으로 '점령하라' 운동이 시작된 이유도 여기에 있다. 1퍼센트와 99퍼센트라는 믿기지 않는 말이 우리 기억에 아직도 생생하다. 지나친 부자와 지나치게 가난한 사람이 병존하는 사회는 진정한 민주주의 사회가 아닐 게다. 이런 생각을 급진주의적 생각이라 한다면 아리스토텔레스도 급진주의자가 된다. 아리스토텔레스가 바로 그렇게 말했기 때문이다. 하지만 그를 급진주의자라고 생각하는 사람은 아무도 없을 것이다.

촘스키는 공공선이란 시각으로 이 세상을 바라본다. 공공선의 중요성은 그가 살고 있는 미국에 한정되지 않는다. 전 세계적 관점에서 공공선이어야 한다고 주장한다. 이 책에서 촘스키는 이러한 관점으로 미국 내 문제와 국제 문제에 접근한다. 특히 출판과 도서관 문제를 언급한 것이 흥미롭다. 도서관 문제는 요즘 들어 학교 도서관을 활성화시키자며 운동하는 사람들이 반드시 읽어보아야 할 부분이다. 하지만 촘스키의 말 자체에는 구체적인 해답이 없다. 그가 무슨 의도로 그렇게 말했는지 곰곰이 되씹어보아야 한다. 또한 공공선이란 관점에서 볼 때 학교 도서관은 학교 도서관에 머물러야만 할 것인지도 당사자들은 생각해보아야 할 것이다.

촘스키의 책은 언제나 그렇듯이 한 부분도 간단히 넘어갈 곳이 없다. 그의 빈정대는 어투는 글을 읽는 재미를 더해준다. 이 책을 읽을 때 유의할 점은, 촘스키가 언급하지는 않지만 모든 것을 공공선이라는 관점에서 말하고 있다는 것이다. 미국 내 문제를 비판할 때도 그렇고 국제 문제로 넘어가서도 마찬가지다. 미국의 좌파를 가짜 좌파라고 꾸짖을 때도 마찬가지다.

이 책에서 특히 흥미롭게 읽어볼 부분은 마지막 장 〈더 나은 세계를 위하여〉이다. 한때 'NATO'라는 말이 유행이었다. 북대서양조약기구를 가리키는 것이 아니다. 'No Action Talk Only'의 약어란다. 우리 세태를 빗댄 말이다. 촘스키는 행동을 요구한다. 행동을 위한 조직이 필요하다. 하지만 촘스키는 조직이 전체주의적 구조로 타락하는 경우를 경고한다. 실제로 우리 주변에서도 이런 시민 조직이 눈에 띈다. 참고 삼아 말하면 촘스키는 현재 몸담고 있는 MIT 이외에 어떤 조직에도 속해 있지 않다. 이런 점에서 그는 외로운 늑대다. 하지만 그에게는 많은 친구들이 있다. 그 친구들이 그에게 필요한 정보들을 보내준다. 촘스키의 표현대로 "망치는 좋은 것이냐, 나쁜 것이냐?"라고 물을 수는 없다. 집을 짓는 사람의 손에 쥐어지면 망치는 좋은 것이지만 고문하는 사람의 손에 쥐어진 망치는 나쁜 것이다. 모든 것이 마찬가지다. 그 망치를 쥔 사람이 좋을 일을 하도록 감시하는 것이 국민의 몫이다. 국민을 인도해줄 진짜 지식인들의 목소리가 필요하다. 또 하나, 사족을 붙이자면 과거를 잊지 않는 것이다. '점령하라' 운동은 겨우 2년 전의 것이지만, 2013년 현재까지 2주년을 기억하는 행사는 전혀 열리지 않았다.

충주에서 강주헌

이 책은 노엄 촘스키의 연설과 인터뷰를 집약적으로 편집한 것으로, 이를 통해 우리는 그의 주장을 온전히 이해할 수 있는 흔치 않는 기회를 얻게 되었다. 이 책에서는 촘스키의 눈부신 사상과 날카로운 통찰력을 그대로 살리면서도 그의 주장을 명확하고 이해하기 쉬운 친숙한 문체로 독자들에게 전달하고자 했다.

이 책을 만들겠다는 착상은 촘스키가 버클리의 KPFA 라디오에 나와 얘기하는 것을 듣던 중에 시작되었다(물론 이 책을 포함한 〈The Real Story Series〉의 책들이 대부분 그렇다). 듣다 보니 책을 읽었을 때보다도 말을 들을 때 그의 사상을 이해하기가 더 쉽다는 걸 알게 되었다. 그래서 촘스키에게 편지를 보내 그가 말한 것들을 일부 편집해서 짧고 대화체로 된 책을 만들면 어떻겠느냐고 제안했다.

촘스키는 내 제안에 동의했고, 나를 데이비드 바사미언에게 소개해주었다. 바사미언은 1986년부터 촘스키의 연설과 인터뷰를 녹음하는 일을 해왔다(그는 아직도 그 일을 하고 있다).

바사미언이 제공한 일곱 종의 연설과 인터뷰 사본을 기초로 몇 달 동안 작업을 진행했다. 이 과정에서 다양한 주제를 두고 각기 다른 시기에 촘스키가 말한 것들을 죄다 끌어모았다. 그리고 가장 좋은 부분을 골라 수록했고, 각기 다른 시간대에 같은 주제를 가지고 얘기하느라 불가피하게 반복된 부분은 뺐다. 이것을 다시 전체적으로 일관되게 정리한 후에 결과물을 촘스키에 보내 최종 교정을 요청했다. 그는 내가 편집한 것에 추가하여 논점을 부연하거나 명확히 하여 새롭게 쓴 자료를 나에게 보내주었다.

이러한 방법으로 다음의 네 가지 종류의 책이 출판되었다. 《미국이 진정으로 원하는 것 _What Uncle Sam Really Wants_》, 《부유한 소수와 불안한 다수 _The Prosperous Few and the Restless Many_》, 《비밀, 거짓말 그리고 민주주의 _Secrets, Lies and Democracy_》, 《공공선을 위하여 _The Common Good_》. 이렇게 대화체로 이루어진 촘스키의 책들에 대한 독자들의 반응은 아주 대단했다. 네 권의 책이 모두 합해 총 59만 3천 권이나 팔렸으니 말이다.

3자가 협력하면서 책을 고민하던 초기에 나는 어떤 형식으로 책을 만들어야 가장 효과적일지 자신이 없었다. 그래서 첫 번째 책에서는 바사미언이 촘스키에게 질문을 던지는 부분 전체를 덜어냈다. 하지만, 나머지 세 권의 책에서는 이 부분들을 본문에 포함시켰다(라디오 청취자가 촘스키에게 전화로 질문하는 부분도 대부분 같은 방식으로 편집했다).

책의 내용 가운데 처음으로 언급되는 용어, 잘 알려지지 않은 사건과 인물에는 주를 달아놓았다.

이 책을 만드는 데 참고한 촘스키의 책 중 일부는 추가적인 자료들을 포함하고 있는데, 노트나 촘스키가 쓴 다른 책들의 제목, 도움이 될 만한 단체의 이름 등이 그것이다.

원래 이 책으로 편집된 대화나 인터뷰는 1990년대에 이루어졌고, 일부는 1980년대 후반 것이지만, 오늘날의 독자들이 신문이나 방송에서 읽고 들은 것보다 촘스키의 관점이 훨씬 더 통찰력이 있다는 걸 깨닫게 될 것이라 믿는다. 그가 보여준 깊이 있는 분석과 선견지명은 시간이 지날수록 더 시의적절해서, 독자들은 이 책을 읽는 동안 깜짝 놀랄 것이다. 몇 페이지만 읽어도 이 말이 틀리지 않다는 걸 알 것이다.

아서 네이먼

---

*작가이자 편집인, 출판인인 아서 네이먼은 정치적 주제에 대한 책인 리얼 스토리 시리즈를 편집했다. 촘스키와 데이비드 바사미언의 대담집인 HOW THE WORLD WORKS를 포함한 15여 권의 책을 펴냈다.

1

공공선

|

토크빌은 상대적인 평등을 열망했습니다.
그는 미국 사회에서 그런 평등의 가능성을 보았다고 생각했습니다.
과장된 면이 없지 않았지만, 그의 인식이 정확했는지에 대해서는 일단 덮어둡시다.
하여간 토크빌은 "조건의 불평등이 지속된다면 결국
민주주의의 종말이 닥칠 것"이라고 경고했습니다.

|

위험한 급진주의자, 아리스토텔레스

— 1997년 1월 초, 선생님은 워싱턴 DC에서 열린 한 콘퍼런스에서 강연을 하신 걸로 알고 있습니다. 자유주의사상을 신봉하고 급진적 성격을 띤 50명 정도의 의원들로 구성된 프로그레시브 코커스Progressive Caucus(미국 민주당 내의 진보 진영의 모임)를 비롯해서 서너 단체가 후원한 콘퍼런스였습니다. 선생님은 그 콘퍼런스를 어떻게 생각하십니까?

— 적어도 내가 경험한 바에 따르면 상당히 고무적인 콘퍼런스였습니다. 분위기 좋고 활기찼습니다. 생동감이 넘쳤습니다. 나도 동의하는 바이지만, 참석한 사람들은 미국인 대다수가 뉴딜 방식의 자유주의를 지지한다고 생각하는 듯했습니다. 그러나 누군가가 이 입장을 옹호하는 소리를 대다수 미국인은 전혀 들어본 적이 없기 때문에 이는 주목할 만한 현상이 아닐 수 없었습니다.

　추측컨대, 시장에서는 자유주의Liberalism란 단어가 '바람직하지 않다'라고 여겨집니다. 우리 머릿속에도 이 생각이 각인된 듯합니다. 하지만 폴 웰스톤 상원의원(미네소타, 민주당), 짐 맥거번 하원의원(매사추세츠, 민주당)처럼 뉴딜 정책적 입장을 공개적으로 천명한 프로그레시브 코커스 소속 의원들이 무난히 재선되었습니다. 특히 1996년 선거 이후에 프로그레시브 코커스는 실제로 괄목할 만큼 성장했습니다.

　그래서 뉴딜 자유주의가 끝났다고는 생각지 않습니다 … 나는 절대 끝난 것이 아니라고 생각합니다. 민중 투쟁의 결실인 이 성취는 앞으로도 계속 지키고, 오히려 확대할 가치가 있습니다.

— 강연 제목이 공공선 ^The Common Good 이었던 것으로 알고 있는데요?

— 내가 정한 제목은 아닙니다. 주최 측에서 그 제목으로 강연을 부탁했습니다. 적절한 제목이란 생각이 들더군요. 그래서 흔쾌히 수락했습니다. 나는 근원부터 강연을 시작했습니다. 현대 정치 이론의 근간인 아리스토텔레스의 《정치학^Politics》부터 말입니다.

　아리스토텔레스는 완전한 참여민주주의를 당연한 것으로 생각했습니다. 물론 여성과 노예를 배제하기는 했지만 말입니다. 또한 아리스토텔레스의 주장에 따르면, 민주주의의 목표는 공공선이어야 합니다. 이런 목표를 성취하기 위해서는 상대적인 평등, '적절하면서도 충분한 재산', 그리고 구성원 모두의 '지속적인 성장'이 보장되어야 합니다.

　다른 식으로 표현해볼까요? 아리스토텔레스는 지나친 부자와 지나친 빈자가 공존하는 사회를 진정한 민주주의 사회로 생각하지 않았습니다. 진정한 민주주의 사회는 오늘날 우리가 복지국가라고 칭하는 사회일 수도 있겠지만, 금세기에 이룩한 수준을 훨씬 뛰어넘는 극단적인 형태의 복지국가를 아리스토텔레스는 생각했던 것입니다.

　내가 마요르카의 한 기자회견에서 이런 점을 지적하자, 그날 에스파냐의 언론들은 "오늘날 아리스토텔레스가 살아 있다면 위험한 급진주의자라고 비난받았을 것이다"라는 논조의 기사를 실었더군요.

어쨌든 지나친 풍요와 민주주의는 양립할 수 없다는 생각은 계몽주의 시대와 고전적 자유주의 시대에도 존재했습니다. 토크빌, 애덤 스미스, 제퍼슨 등 대표적인 사상가들이 그런 생각을 당연하게 받아들였습니다.

아리스토텔레스는 완전한 민주주의 사회에서 소수의 대부호와 다수의 극빈자가 공존한다면, 가난한 사람들이 민주적 권리를 앞세워 부자의 재산을 빼앗을 것이라 지적했습니다. 아리스토텔레스는 이런 행위를 부당하다 여겨 두 가지 해법을 제시했습니다. 하나는 빈곤한 사람을 줄이는 방법이고, 다른 하나는 민주주의를 상대적으로 포기하는 것입니다. 물론 아리스토텔레스는 첫 번째 해법을 권했습니다.

똑같은 문제에 부딪혔지만, 제임스 매디슨은 바보가 아니었던지 아리스토텔레스와 달리 빈곤보다 민주주의의 범위를 줄이는 두 번째 방법을 택했습니다. 매디슨은 정부 정책의 최우선 목표를 '다수로부터 소수의 부자를 보호하는 데' 두었습니다. 그의 동료인 존 제이가 즐겨 쓴 표현을 인용하면, "국가를 소유한 사람들이 국가를 다스려야만 합니다".

심각한 사회 불균형으로 고통받는 국민이 늘어나면서 "보다 공정하게 '축복'이 분배되기를 은밀히 기대할 수도 있다"는 불안감을 매디슨은 떨쳐 내지 못했습니다. 만약 국민이 민주주의의 힘을 쟁취하게 되면, 단순히 무언가를 바라는 것에 그치지 않고 뭔가 다른 짓을 할 수 있다는 불안감이었습니다. 그는 제헌회의에서 이런 점을 분명히 적시하였고, 가난한 다수가 민주적 힘을 과시하며, 요즘 용어로 토지개혁을 촉구할 수도 있다는 우려를 표명했습니다.

따라서 그는 민주주의가 제대로 기능할 수 없는 시스템을 고안해냈습니다. 그리고 '더 능력 있는 사람들', 즉 '국부를 보유한 사람들'의 손에 권력을 쥐어주었습니다. 대신 시민들을 다양한 수법으로 소외시키고 분열시켜야 했습니다. 몇 해가 지나면서 그 수법은 더욱 다양해졌습니다. 선거구의 분할, 노동계급 간의 연대와 협조를 파괴하는 정책, 인종과 민족 간의 갈등을 조장해서 이득을 취하려는 작태…….

냉정하게 평가하면 매디슨은 자본주의 시대 이전의 사람입니다. 그가 언급한 '더 능력 있는 사람들'은 다른 사람에게 어떤 영향을 미치든 상관없이 자신의 재산을 극대화시키려는 투자자나 기업의 경영자가 아니었습니다. 그들은 '계몽된 정치인'과 '자애로운 철학자'였습니다. 실제로 알렉산더 해밀턴과 그의 추종자들이 미국을 자본주의 국가로 탈바꿈시키려 하자 매디슨은 대경실색했으니까요. 내 생각이지만, 그가 오늘날 살아 있다면 반자본주의자가 되었을 것입니다. 제퍼슨이나 애덤 스미스처럼 말입니다.

요즘 '시장의 필연적인 결과'라 칭하는 것은 진정한 민주주의 사회에서는 결코 용납될 수 없는 것입니다. 이제라도 아리스토텔레스의 가르침을 받아들인다면, 거의 모든 사람이 '적절하면서도 충분한 재산'을 가질 수 있습니다. 대다수가 중산층이 될 수 있다는 말입니다. 그러지 않으면 매디슨처럼 민주주의의 기능을 축소시키는 수밖에 없습니다.

우리 역사를 돌이켜보면 정치권력은 거의 언제나 국가를 소유한 사람들의 손아귀에 있었습니다. 물론 뉴딜 정책처럼 정치권력을 제한한 때도 있었습니다. 대중이 당시 상황을 용납하지 않을 것을 알고 프랭클린 루스벨트는 현명하게 대처했습니다. 루스벨트는 부자들에게 권력을 주었지만 일종의 사회계약으로 그 권한을 제한했습니다. 이는 과거에 전례가 없는 새로운 정책이 아니었습니다. 이런 사회계약은 언제라도 다시 맺을 수 있습니다.

기회의 평등, 결과의 평등

— 우리는 기회의 평등을 위해 투쟁해야 할까요, 아니면 모두가 거의 똑같은 경제적 조건을 누리는 결과의 평등을 위해 투쟁해야 하는 걸까요?

— 아리스토텔레스를 비롯해 많은 사상가들이 결과의 평등을 공정하고 자유로운 사회의 궁극적 목표여야 한다고 주장했습니다. 물론 이들이 의미한 것은 똑같은 결과가 아니지만, 적어도 상대적으로 평등한 조건을 뜻한 것은 사실입니다.

멀리 거슬러 올라가볼까요? 인도적인 자유주의의 전통이 시작된 것은 결과에 있어 극단적인 불평등을 인정하면서부터였습니다. 실제로 애덤 스미스가 시장을 옹호한 이유는, 완전히 자유로운 조건에서는 자유 시장이 궁극적으로 완전한 결과의 평등으로 이어질 것이란 가정에 근거를 두었기 때문입니다. 애덤 스미스는 완전한 결과의 평등을 꿈꾸었으니까요.

토크빌은 상대적인 평등을 열망했습니다. 그는 미국 사회에서 그런 평등의 가능성을 보았다고 생각했습니다. 과장된 면이 없지 않았지만, 그의 인식이 정확했는지에 대해서는 일단 덮어둡시다. 하여간 토크빌은 "조건의 불평등이 지속된다면 결국 민주주의의 종말이 닥칠 것"이라고 경고했습니다.

요즘 들어 거의 인용되지 않는 글에서, 토크빌은 미국에서 눈에 띄게 늘어난 "공장 귀족들", 그의 표현을 빌면 "역사상 가장 잔인한 귀족들"을 비난했습니다. 그는 그런 귀족들이 권력마저 갖게 되면 우리는 깊은 혼란을 겪게 될 것이라 말했습니다. 제퍼슨을 비롯한 다른 합리적 사상가들도 똑같은 우려를 표명했습니다. 불행히도, 이들의 우려는 현실로 나타났습니다. 게다가 이들이 상상하던 최악의 상황을 훨씬 넘어섰습니다.

— 뉴욕 헌법권리센터 소장인 론 대니엘스는 현 상황을 달리기 선수에 비유했습니다. 한 선수는 출발선에서 시작하지만 다른 선수는 결승선을 불과 1.5미터 앞둔 곳에서 시작하는 꼴이라고 말입니다.

— 적절한 비유입니다. 하지만 나는 그런 비유가 핵심을 찌르고 있다고는 생각하지 않습니다. 물론 미국에 기회의 평등이 없는 것은 사실입니다. 그러나 기회의 평등이 보장되더라도 그 시스템은 제대로 운영되지 않을 것입니다.
두 선수가 똑같은 지점에서 출발하고, 똑같은 운동화를 신었다고 해봅시다. 하여간 모든 조건이 똑같다고 해봅시다. 하지만 한 선수가 먼저 결승선에 도착할 것이고 원하는 모든 것을 갖게 됩니다. 결국 뒤늦게 도착한 선수는 굶어 죽을 수밖에 없습니다.

— 불평등을 시정할 수 있는 메커니즘의 하나는 차별시정조치Affirmative Action입니다. 선생님은 이것을 어떻게 생각하십니까?

— 많은 사회에서 차별시정조치를 당연한 것으로 생각합니다. 예컨대 인도에서 '유보reservation'라고 칭하는 일종의 차별시정조치는 1940년대 말부터 제

도화되었습니다. 이 제도는 독립을 쟁취한 시기에 역사적 관행으로 굳어버린 카스트제도와 성차별을 극복해보려는 시도로 시작되었습니다.

물론 차별시정조치는 더 평등하고 공정한 사회를 미래에 건설하기 위한 것이기에 일부 손해를 보는 사람들이 있기 마련입니다. 따라서 이 조치가 실질적인 효과를 거두려면 많은 고민이 필요합니다. 기계적으로 적용할 수 있는 법칙은 없습니다.

그러나 차별시정조치를 공격하는 것은 과거에 존재한 차별적이고 억압적인 사회를 정당화시키려는 시도입니다. 반면에 차별시정조치는 어떤 이유로든 지원을 받지 못하는 가난한 사람들에게 피해를 입히지 않도록 계획되어야 합니다.

결코 불가능한 일이 아닙니다. 실제로 차별시정조치가 아주 효과적으로 적용된 사례나 분야가 많습니다. 대학, 건설 산업, 공공서비스 분야 등에서 괄목할 만한 성과를 보였습니다. 물론 세세한 부분까지 뜯어본다면 비판의 여지가 많겠지만, 이 계획의 진의는 인간중심적이고 적절하다고 생각합니다.

우리들의 일그러진 도서관

— 도서관이 선생님의 어린 시절의 지적 발달에 중요한 역할을 했다고 생각합니다만, 선생님 생각은 어떨지요?

— 나는 필라델피아 도심에 있던 공공 도서관을 내 집처럼 드나들었습니다. 아주 훌륭한 도서관이었습니다. 내가 지금도 자주 인용하는 아나키스

트와 좌익 마르크스주의 계열의 서적을 읽은 곳이 바로 공공 도서관이었습니다. 당시는 누구나 책을 읽던 시대였고, 도서관을 폭넓게 이용하던 시대였습니다. 지금에 비해서 1930년대 말과 1940년대 초가 적어도 공공서비스 분야에서는 훨씬 다채로웠습니다.

빈민가에 사는 가난한 사람들, 심지어 실직자들도 그런대로 희망을 품었던 이유 중 하나가 바로 공공 도서관의 존재였다고 생각합니다. 물론 감상적인 생각이고, 어린아이의 눈으로 어른의 세계를 바라본 것이라며 비난할 수도 있겠지만 나는 그렇게 생각하지 않습니다.

어쨌든 도서관은 모두가 희망을 가질 수 있는 장소 중 하나였습니다. 도서관은 교육받은 사람들을 위해서만 존재하는 것이 아닙니다. 많은 사람이 도서관을 이용했습니다만 지금은 그렇지 않습니다.

— 이 질문을 한 이유를 말씀드리겠습니다. 최근에 저는 어린시절에 자주 드나든 공공 도서관을 일부러 찾아갔습니다. 뉴욕 78번가에 있는 도서관입니다. 제가 거의 35년 만에 다시 갔는데, 이제 그곳은 미국에서 가장 부유한 지역 중 한 곳에 위치한 도서관이 되었더군요.

그런데 정치 관련 서적은 거의 없었습니다. 제가 그 이유를 묻자, 사서는 출장 도서관에서 베스트셀러 대부분을 가져갔기 때문이라고 설명하더군요. 그래서 제가 소장한 책을 기증할 수 있겠냐고 물었습니다.

그러자 사서는 제게 관심을 보이며 서류 한 장을 작성해달라고 했습니다. 그런데 서류를 작성하려다 책상에 있던 인쇄물에서 무엇을 보았는지 아십니까? 도서관에서 구입해야 할 책 한 권을 신청하는 데 30센트의 비용을 지불해야 한다는 것입니다.

— 서점을 포함해서 출판업계 전반에서 확인되는 현상과 비슷하군요. 나는 여행을 많이 다니는 편입니다. 시카고는 눈이 자주 내리기 때문에 공항에서 발이 묶일 때가 가끔 있습니다. 전에는 공항 서점에서 읽고 싶은 책을 쉽게 구해볼 수 있었습니다. 고전은 물론이고 현실 문제를 다룬 책까지 공항 서점에 있었으니까요. 그런데 요즘에는 거의 불가능합니다. 비단 이런 현상이 미국에만 있는 것은 아닙니다. 얼마 전 나폴리 공항에서 발이 묶여 서점에 들렀는데 그야말로 끔찍했습니다.

이런 현상은 시장의 압력 때문이라고 생각합니다. 베스트셀러는 신속하게 유통됩니다. 금세 팔리지 않는 책을 비치해두려면 비용이 듭니다. 출판업자들이 재고를 보관하는 데 비용이 더 많이 들게끔 세법이 개정되면서 문제가 악화되었습니다. 따라서 책을 어떤 식으로든 신속하게 처분해야 합니다. 헐값에 팔거나 절판시키는 것입니다.

개정된 세법 탓에 정치 서적은 치명타를 입었습니다. 큰 서점에 가보십시오. 진열대의 대부분을 베스트셀러가 차지합니다. 정치 관련 서적은 거의 찾아볼 수 없습니다. 불행하게도 대부분의 책이 이런 운명입니다. 정치적 검열 없이 정치 관련 서적의 씨를 말려버리고 있습니다.

— 우익은 국민에게 도서관이 불필요한 것이란 생각을 심어줄 모양입니다.

— 사회를 부자에게 유리한 방향으로 재설계하려는 생각의 일환입니다. 부자들은 펜타곤의 무용성을 주장하지 않습니다. 그렇다고 펜타곤이 전쟁광들에게서 자신들을 지켜준다고 믿을 만큼 순진한 사람들도 아닙니다. 그러나 펜타곤의 예산이 곧 자신들이 받는 보조금으로 이어진다는 사실은 잘

알고 있습니다. 따라서 이들에게 펜타곤은 반드시 필요하지만 도서관은 반드시 필요한 것이 아닙니다.

내가 살고 있는 보스턴 교외의 렉싱턴에는 전문 직종에 종사하는 중상층 사람들이 주로 모여 있습니다. 이들은 도서관에 기꺼이 도움을 주고 싶어하고, 실제로 그럴 수 있는 사람들입니다. 나도 도서관에 돈을 기부하고 이용도 합니다. 도서관이 썩 괜찮기 때문에 도움을 많이 받는 편입니다.

하지만 구역제한법과 불편한 대중교통 탓에 부자들만 렉싱턴에 살 수 있다는 사실은 별로 달갑지 않습니다. 가난한 이웃들은 도서관에 기부할 만큼 돈이 넉넉하지 않습니다. 그들에겐 도서관을 이용할 시간도 부족하고, 설사 도서관에 가더라도 어떤 책을 읽어야 할지도 모릅니다.

조금 서글픈 이야기를 하나 해드릴까요? 내 딸 하나가 철강 도시에서 살고 있습니다. 빈민촌으로 전락했다고는 말할 수 없지만 하여간 내리막길을 걷고 있는 소도시입니다. 그런데 이곳에 멋진 공공 도서관이 최근에 건립되었습니다. 장서가 완벽하지는 않지만 아이들에게 적당한 책들이 많이 비치되었습니다. 부부 사서가 정성을 다해 꼼꼼하게 관리하는 공공 도서관입니다.

언젠가 토요일 오후에 외손녀를 데리고 그 도서관을 찾았습니다. 그런데 부모가 일하러 나간 몇몇 아이들만 눈에 띌 뿐 도서관은 텅 비었습니다. 대체 거기에 있어야 할 아이들이 모두 어디에 있는 것일까요? 정확히는 모르겠습니다만, 십중팔구 텔레비전을 보고 있었을 것입니다. 한마디로, 도서관에 가는 것은 아이들이 할 일이 아닌 것입니다.

하지만 50~60년 전을 떠올려보십시오. 당신이 노동자로 일할 때 어떻게 했습니까? 도서관을 당신 집처럼 드나들지 않았나요? 요컨대 문화적 자원에 다가갈 수 있는 역량, 아니 그런 욕망마저 우리는 잃고 말았습니다. 현재의 체제가 거둔 승리입니다.

자유와 자본주의의 거짓말

— 자유^{freedom}란 단어를 자본주의와 완전히 동의어처럼 쓰는 시대가 되었습니다. 밀턴 프리드먼이 《자본주의와 자유^{Capitalism and Freedom}》라는 책에서 언급했습니다만.

— 이미 오래전에 잘못 인식되었습니다. 프리드먼은 역사적으로 자본주의와 조금이라도 비슷한 제도가 없었고, 설사 생겨나더라도 기업계가 용납하지 않을 것이기 때문에 금세 소멸될 것이란 사실을 잘 알고 있습니다. 기업은 강력한 정부, 그들을 시장의 가혹한 논리에서 보호해줄 강력한 정부를 원합니다. 따라서 기업의 존재 자체가 시장에 대한 위협일 수 있습니다.

　자본주의와 자유에 대한 논의 자체가 거짓말일 수밖에 없습니다. 그런 줄 알면서도 거짓말을 하는 것입니다. 내 말이 믿기지 않으면 현실 세계를 직시해보세요. 그럼 자본주의와 자유는 동의어라는 터무니없는 말을 아무도 믿지 않는다는 사실을 확인할 수 있을 것입니다.

— ADM(아처대니얼스미들랜드. 세계의 슈퍼마켓이라 자처하는 기업)의 최고경영자인 드웨인 안드레아스는 "자유 시장에서 팔리는 것은 하나도 없다. 낱알 하나도 팔리지 않는다! 자유 시장은 정치인들의 말에만 있을 뿐이다"라고 독설까지 퍼부었는데요……

─ 내부용 발언이었을 것입니다. 공개적으로는 그렇게 말하지 않았을 것입니다. 하지만 그 말은 사실입니다. UNDP(유엔개발계획)가 주장하듯이, "농산물 시장에서의 생존은 생산품의 비교 우위보다 보조금의 크기에 달렸습니다."

네덜란드의 두 경제학자가 지적했듯이, 《포춘*Fortune*》이 선정한 세계 100대 기업 '모두'가 한결같이 자국의 산업 정책의 혜택을 받았으며, 적어도 20개 기업은 곤경에 빠졌을 때 정부가 대규모 보조금을 지원하거나 아예 인수하지 않았더라면 지금까지 살아남지 못했을 것입니다.

언젠가 《보스턴글로브*The Boston Globe*》는 반도체 생산에서 미국이 일본을 앞질렀다는 기사를 1면에 실었습니다. 바야흐로 세계경제에 지각변동이 일어났다는 기사였습니다. 예컨대 일본이 정부 주도로 반도체 산업을 일으켰지만 정부의 지원이 끊기자, 일본의 위상이 거인에서 한낱 평범한 인간으로 전락했다는 내용이었습니다. 또한 반도체 생산에서 미국의 점유율이 1985년부터 일본의 점유율 아래로 떨어졌지만, 1993년에는 일본을 앞질러 그 수준을 계속 유지하고 있다는 소식도 전했습니다. 여기에 주일 대사를 지낸 월터 먼데일의 경제자문관이었던 에드워드 링컨의 말을 인용해, "1990년대의 교훈은 모든 나라가 동일한 경제원칙을 준수하는 것이다"라고 덧붙였습니다.

그런데 실제로는 어땠습니까? 1980년대 동안, 레이건에서 부시로 이어진 미국 행정부는 반도체 칩 가격을 올리고 일본 시장에서 미국 제품의 점유율을 보장하라고 일본에 압력을 가했습니다. 또한 미국 기업에 돈을 엄청나게 쏟아부었습니다. 군수산업, 그리고 미국 기업들과 미국 정부의 컨소시엄인 '세마테크*Sematech*'를 통해서 말입니다. 정부의 이런 대대적인 개입 덕분에 미국은 마이크로프로세스 시장의 지배권을 탈환할 수 있었습니다.

그 후 일본은 반도체 산업의 경쟁력 제고를 위해 새로운 민관 컨소시엄을 발족시키겠다고 발표했습니다. 일부 기업계 경제학자들이 붙인 이름대로 '연합 자본주의alliance capitalism'라는 새로운 시대를 맞아 일본의 프로젝트에 일부 미국 기업도 참여할 예정이었습니다. 이런 현상은 시장의 법칙과 완전히 다른 것이었습니다.

멕시코의 구제금융도 똑같은 관점에서 해석됩니다. 멕시코가 단기 차관을 갚지 않거나 계약서에 명시된 대로 평가절하된 페소화로 융자금을 갚았다면, 뉴욕의 거대 투자회사들은 엄청난 손해를 보았을 것입니다. 하지만 투자회사들은 이런 손해분을 미국 국민에게 떠넘겼습니다. 새삼스런 일은 아니었습니다.

투자자나 기업은 원하는 만큼의 돈을 벌 수 있습니다. 하지만 이들이 곤경에 빠질 때 모든 책임은 납세자의 부담으로 돌아갑니다. 자본주의하에서 투자는 가능한 한 위험을 최소화하게 마련입니다. 어떤 기업도 자유 시장을 원하지 않습니다. 이들이 원하는 것은 권력과 힘입니다.

많은 부분에서 자유와 자본주의가 충돌합니다. 요즘 들어 '자유무역free trade'이란 우스꽝스런 용어가 한창 기세를 올리고 있습니다. 미국 무역의 약 40퍼센트가 개별 기업의 내부거래로 추정됩니다. 미국 자동차 회사가 인디애나 주에서 일리노이 주로 부품을 운송하면 무역이라 하지 않습니다. 하지만 똑같은 부품을 일리노이 주에서 멕시코로 운송하면 무역이라 합니다. 한마디로 미국 국경선을 넘어 나가는 것은 수출이고 국경선을 넘어 들어오는 것은 수입입니다.

그러나 이런 식의 무역은 값싼 노동력을 착취하고 환경 규제를 피하며 세금을 한 푼이라도 덜내려는 계산에 불과합니다. 다른 산업국가들에서도 마찬가지입니다. 내부거래가 무역의 상당 부분을 차지합니다. 게다가 기업 간의 전략적 제휴도 세계경제의 관리라는 측면에서 점점 커다란 역할을 하고 있습니다.

따라서 "세계무역의 성장"은 한마디로 우스갯소리입니다. 성장한 것은 다국적기업 간의 복잡한 내부거래입니다. 기업은 철저하게 중앙에서 관리되는 시스템이기 때문에 '민간형 중앙 통제경제'라 할 수 있을 것입니다.

온통 위선과 거짓뿐입니다. 예를 들어 설명해보겠습니다. 자유무역의 신봉자들은 지적 재산권을 보호해달라고 요구합니다. 특허권에 대한 WTO(세계무역기구)의 이런 해석은 경제적인 면에서 개발도상국가들에게 무척 불리할 뿐 아니라 기술혁신 자체를 방해합니다. 실제로 부자 국가들이 노린 것도 바로 이것입니다. 그런데도 이들은 이런 것을 '자유무역'이라 부릅니다. 요컨대 자유무역의 궁극적 목표는 힘의 집중인 것입니다.

거대 다국적기업은 민주주의의 기능을 훼손시키더라도 자유를 축소시키려고 합니다. 이들의 기반이 바로 민주 사회인데도 말입니다. 또한 다국적기업은 자신들을 지켜주고 지원해줄 수 있는 강력한 정부를 원합니다. 이런 것이 바로 '실제의 시장이론really existing market theory'입니다.

자유 시장의 옹호자들은 자신들을 제외한 가난한 사람들과 중산계급에만 그 원칙을 적용하려고 했습니다. 현대 경제의 발전 과정을 쭉 훑어보면 언제나 그랬습니다. 정부는 보조금으로 기업의 비용을 부담해주고, 시장의 위험에서 기업을 보호해주며, 기업이 이익을 낼 수 있게 해주었습니다.

─ 선생님 사무실인데 제가 담배를 피워도 될까요? 만약 선생님께서 제가 담배 피우는 것을 허락하지 않는다면 그것도 제 자유를 제한하는 것이 아닐

"세계무역의 성장"은 한마디로 우스갯소리입니다.
성장한 것은 다국적기업 간의 복잡한 내부거래입니다.
기업은 철저하게 중앙에서 관리되는 시스템이기 때문에
'민간형 중앙 통제경제'라 할 수 있을 것입니다.

까요?

― 그럼 난 당신의 자유를 제한해야겠군요. 하지만 내 권리는 보장됩니다. 요컨대 당신이 내 사무실에서 담배를 피우면 그만큼 내가 죽을 가능성이 높아집니다. 인간다운 삶을 보장하려는 노력은 언제나 다른 사람의 자유를 제한하게 마련입니다. 예를 들어, 어떤 꼬마가 녹색등을 보고 횡단보도를 건너고 있다고 합시다. 내가 약속 시간에 늦었다는 이유로 자동차로 그 꼬마를 치고 갈 수 있습니까?

공립학교도 마찬가지입니다. 아이를 갖지 않은 사람들도 교육세를 내야 합니다. 어린이에게 교육의 혜택을 주는 것이 우리 사회의 미래를 위해 바람직한 일이라는 공감대가 있기 때문입니다. 따라서 자식이 있느냐 없느냐는 교육세 납세 여부에서 고려 대상이 될 수 없습니다.

민간 기업들의 전횡으로 자유와 민주주의가 위협받고 있지만, 이런 기업을 옹호하는 사람들은 '자유'라는 멋진 단어를 아무렇지도 않게 사용합니다. 이들의 속내는 자명합니다. 우리에게는 독재가 필요하고, 그런 독재를 뒷받침해줄 강력한 국가가 필요하다는 것입니다. 내 말이 믿기지 않는다면 이들의 행위를 면밀히 분석해보십시오.

예를 들어, 헤리티지재단(미국 공화당의 싱크탱크인 연구소)은 정부의 개입을 최소화시켜야 한다는 등 커다란 철학적 쟁점에 대한 강연을 뻔질나게 합니다. 그런데 이들이 펜타곤의 예산을 증액시켜야 한다고 주장하는 이유는 무엇일까요? 펜타곤이 첨단산업에 공공 보조금을 지원해줄 수 있는 커다란 돈줄이기 때문입니다. 따라서 펜타곤의 예산을 반드시 확보해야 하는 것입니다. 공공 토론을 통해 이 문제가 심각하게 거론되지 않는 한 이들은 그 돈을 착복할 수 있습니다.

머리 로스버드처럼 극단적인 사람들은 정직하기라도 합니다. 이들은 고속도로 세금을 없애려고 합니다. 평생 동안 한 번도 가지 않을 도로를 건설할 비용을 내야 할 이유가 없다는 것입니다. 대신 이들은, 당신이나 내가 어떤 곳에 가고 싶다면, 우리가 직접 그곳에 도로를 건설해, 이용자들에게 통행료를 부과하자는 대안을 제시하고 있습니다.

이런 현상이 일반화된다고 생각해보십시오. 그 사회는 존속되지 못할 것입니다. 설사 존속되더라도 그 사회는 테러와 증오심만 가득할 것입니다. 그런 곳에서 사느니 차라리 지옥에서 사는 것이 나을 것입니다.

어쨌든 거대 기업이 지배하는 사회에서 자유를 거론한다는 것 자체가 어불성설입니다. 기업 내에 자유가 있습니까? 기업은 전체주의적 성격을 띤 제도입니다. 위에서 하달받은 명령을 아랫사람에게 그대로 전달하는 구조입니다. 만약 기업 내에 자유가 있다면 스탈린주의하에서만큼의 자유일 뿐입니다. 노동자의 권리는 제한된 공권력에 의해 보장될 뿐입니다. 공권력이란 것이 제한적이나마 남아 있다면 말입니다.

거대한 독재 집단인 민간 기업이 인간과 동등한 권리, 또는 그 이상의 권리를 보장받는다면, 자유는 한낱 우스갯소리로 전락하게 됩니다. 해결책은 이런 민간 기업의 자유를 제한하는 것이 아니라, 이들의 권리를 제한하는 것입니다.

— 제가 살고 있는 콜로라도 주의 볼더에서는 식당에서의 흡연을 금지하는 조례가 투표에 부쳐졌습니다. 그때 이 조례에 반대하는 엄청난 캠페인이 있었습니다. 반대표를 던지라고 위협까지 받은 시의원들도 있었습니다. 이

행동은 '나치', '파시스트'와 다름없었습니다. 하지만 모두가 자유라는 이름으로 포장되었습니다.

— 새삼스런 일이 아닙니다. 과거에는 기본적인 개념이라도 있었습니다. 필립모리스가 열두 살 아이에게 자유롭게 담배를 팔 수 있듯이, 부모들은 아이들에게 담배 피우는 것을 자유롭게 막을 수 있었습니다. 물론 막강한 자금력을 가진 필립모리스가 수천 명의 부모나 수백 명의 시의원보다 힘이 센 것은 사실입니다. 하지만 이것은 큰 문제가 아니었습니다.

우연의 일치였을까요? 얼마 전에《뉴욕타임스 *The New York Times*》는 자유주의자와 보수주의자의 '근본적인 철학 차이'에 대해 연구한 후버연구소 선임 연구원의 글을 특집 기사로 실었습니다. 그 기사에 따르면, 자유주의자들은 사회정책이 연방 정부 차원에서 관리되기를 바라지만, 보수주의자는 시민에게 밀착된 사회정책을 위해서라도 그 권한이 주 정부에 이양되어야 한다고 생각합니다.

같은 날,《월스트리트저널 *The Wall Street Journal*》은 "피델리티는 원하는 것을 얻어야 한다. 피델리티는 매사추세츠 주 정부의 감세 정책을 원한다"라는 표제 글을 실었습니다. 그 아래에는 "피델리티 인베스트먼트 사가 말할 때 매사추세츠 주 정부는 귀를 기울여야 한다"라는 부제가 덧붙여졌고요.

매사추세츠 주 정부가 귀를 기울여야 할 이유가 무엇일까요? 그 기사에 따르면, 피델리티는 매사추세츠 주에서 가장 큰 금융 기업 중 하나이며, 언제라도 주 경계를 넘어 로드아일랜드 주로 본사를 옮길 수 있기 때문이랍니다. 매사추세츠 주 정부가 감세를 보장해주지 않으면 회사를 옮기겠다는 위협이었습니다. 감세요? 따지고 보면 보조금을 달라는 것입니다. 또한 감세

된 액수를 보전하려면 매사추세츠 주민이 더 많은 세금을 내야 합니다. 뉴욕 주도 최근에 똑같은 일을 당했습니다. 거대 금융 기업들이 본사를 뉴저지 주로 옮기겠다고 위협을 했으니까요. 결국 매사추세츠 주 정부는 피델리티에 감세해줄 수밖에 없었습니다.

몇 달 전에는 전자 제품과 항공우주 제품을 생산하는 레이시온이 세율과 공공요금 요율을 경감해달라고 요구했습니다. 지난 4년 동안 주가가 세 배가량 오르고, 주당 배당금이 25퍼센트 상승한 것을 보전하려는 것이었습니다. 이때 《월스트리트저널》은 "레이시온이 한 손으로는 주주들에게 돈을 건네면서 다른 한 손으로는 세금 감면을 요구하는 것은 아닌가"라는 의미심장한 의문을 제기했습니다.

하지만 매사추세츠 주 정부는 여차하면 주 경계 밖으로 본사를 옮기겠다는 레이시온의 위협에 굴복할 수밖에 없었습니다. 심지어 주 의회는 매사추세츠 주에 본사를 둔 기업에 파격적인 세금 혜택을 줄 계획까지 세웠지만, 그 혜택은 레이시온을 비롯한 방위산업체에 국한된 것이었습니다.

오래전 얘기입니다만, 19세기 말까지 기업은 주 정부의 조례에 명시적으로 규정된 역할밖에 할 수 없었습니다. 그런데 뉴저지 주가 이런 제한 조례를 철폐하면서 기업의 권리를 제한하는 규정이 실질적으로 폐기되었습니다. 기업들이 뉴욕 주에서 대거 뉴저지 주로 이동하기 시작하자, 뉴욕 주도 제한 규정을 철폐하면서 '냉혹한 경쟁'이 시작되었습니다.

그 결과로 민간 기업의 힘이 엄청나게 커졌습니다. 자유와 인권을 침해할 수 있고, 자신들의 뜻대로 시장을 조정할 수 있는 새로운 무기가 민간 기업에게 주어졌으니까요. GM(제너럴모터스)이 폴란드에 투자하기로 결정한 것이나 다임러벤츠가 노동력이 비싼 독일에서 노동력이 싼 앨라배마 주로 생산 공장을 옮기기로 결정한 것은 똑같은 논리입니다.

앨라배마 주와 경쟁 관계인 노스캐롤라이나 주가 생산 공장을 서로 유치하려고 싸움을 벌인 덕분에, 다임러벤츠는 '앨라배마 주민들'에게 보조금을 받고 확실한 시장까지 확보하면서 위험 부담마저 줄일 수 있었습니다. 주 정부가 이처럼 뇌물 공세를 펼치며 경쟁을 벌이면 중소기업이 때로는 이득을 얻을 수 있습니다.

물론 국가 간에 이런 경쟁을 벌이는 것보다야 훨씬 낫습니다. 매사추세츠 주에서도 잘 알고 있듯이, 피델리티가 로드아일랜드 주로 본사를 옮기든, 레이시온이 테네시 주로 본사를 옮기든 이런 이동은 국가적 차원에서는 큰 문제가 아닙니다. 물론 이런 대기업이 본사를 해외로 이전한다면 문제가 완전히 달라지겠지만 말입니다.

'보수주의자들'은 바보가 아닙니다. 이들은 주 차원에서의 이전을 결정하더라도 힘을 해당 주민에게 이양하는 것은 아니며, 한 손으로는 보조금을 요구하고 다른 손으로는 보조금을 챙기는 자들에게 권한을 이양하는 것이란 사실을 잘 알고 있습니다. 이런 것이 바로 '보수주의자들'이 주 정부에 권한을 대폭 이양하려는 이유이자 '심오한 철학적 원칙'입니다.

연방 차원의 저항이 없는 것은 아닙니다. 그래서 적이 생기기도 합니다. 하지만 국민의 80퍼센트 이상이 반대하지만 예산을 꾸준히 증액시키는 펜타곤처럼, 대기업에 자금을 집중적으로 지원하는 부처들은 보수주의자들의 적이 아닙니다.

《워싱턴포스트 *The Washington Post*》가 보도한 여론조사에 따르면, 국민 대다수가 연방 정부의 정책을 잘못된 것이라고 생각합니다. 물론 미국의 안보를 위협하는 세력에 반격을 가하는 데 필요한 군사정책은 연방 정부에 맡겨야 한다는 의견이 대세입니다. 설령 그렇더라도 국민이 군사 예산의 증액까지 찬성하는 것은 아닙니다. 클린턴과 깅리치 등이 군사 예산을 증액시킬 필요성을 강조하고 있는데도 말입니다. 그래서 《워싱턴포스트》까지 "대체 이런 모순을 어떻게 설명해야 하는가?"라고 반문하지 않았습니까!

지난 50년 동안 언론 등 온갖 수단을 동원해 기업계가 집중적으로 벌인 프로파간다의 결과가 아닐까요? 정확히 말하면, 국민의 두려움과 분노와 증오심은 연방 정부에 집중시키고 민간 기업의 횡포는 국민의 눈에 보이지 않게 만든 교묘한 프로파간다의 결과가 아닐까요? 국민이 그처럼 모순된 생각을 갖게 된 이유를 《워싱턴포스트》는 설명하지 않고, 그저 미스터리로 남겨두었습니다.

하지만 미국 국민이 이처럼 모순된 생각을 갖고 있다는 사실까지 부인할 수는 없습니다. 따라서 누군가가 생명의 위협을 느껴 분노한다면, 십중팔구 민간 기업의 본사보다는 연방 정부 건물에 폭탄을 던질 것입니다.

물론 연방 정부가 잘못한 일도 많습니다. 하지만 민간 기업은 프로파간다를 통해 연방 정부가 잘한 일까지 딴지를 걸고 나섭니다. 거꾸로 생각하면, 프로파간다는 국민이 민간 기업의 전횡에 대항할 수 있는 유일한 방어 수단일 수도 있습니다.

— 볼더의 상황이 선생님의 표현대로 '반정치anti-politics'의 전형적인 예라고 생각해도 될까요?

— 민주주의를 반대하는 세력의 전형입니다. 이들의 논리대로라면, 국민에게는 함께 모여서 미래에 대해 민주적으로 결정할 권리가 없어야 합니다.

— 기업의 경영진은 원하는 것을 쉽게 얻으면서도 낙태 문제에서는 극우의 눈치를 지나치게 보는 듯합니다. 물론 자신의 딸이 낙태할 권리를 확실히 얻을 수 있길 바라기 때문일 것입니다. 하지만 '로 대 웨이드 Roe vs. Wade' 사건 이 있기 전에도 누구라도 원하면 낙태를 할 수 있었는데요…….

— 기업계는 낙태가 비밀리에 행해지는 것도 원치 않지만 그런 범죄행위에 연루되고 싶어 하지도 않습니다. 다만 자신의 아내와 딸이 정상적인 자유를 누리길 바란다고 말합니다. 다른 식으로 표현하면, 세상이 2000년 전에야 창조되었다고 생각하는 종교적 근본주의자들이 지배하는 사회에서 벗어나 문명화된 사회에서 살고 싶다고 말합니다.

기업계가 극우파의 준동을 우려하는 이유 중 하나는, 그들의 주장이 대중의 욕구와 일치되는 면이 있기 때문입니다. 예컨대 '큰 것'에 대한 반감입니다. 큰 정부만이 아니라 큰 기업에 대한 반감입니다. 우익은 과학 기금의 중요성을 간과하지만 기업계의 입장은 다릅니다. 과학 기금이 장래 기업계에 이익을 안겨줄 첨단 기술과 지식을 만들어내기 때문입니다.

또한 기업계는 유엔과 같은 국제기구의 해체를 바라지 않습니다. 해외 원조가 없어지는 것도 바라지 않습니다. 오히려 기업계는 국제기구를 원하며 이 기구들이 언제까지나 자신들 곁에 있어주길 바랍니다. '맹목적이고 편협한 애국주의자들'이 기업계에 규제 철폐, 왜곡된 개혁, 사회보장금의 삭감 등 달콤한 선물을 안겨주었지만, 거꾸로 보면 기업계에 치명적 타격을 가할 수 있는 위험한 존재이기 때문입니다. 그렇기 때문에 기업계는 우익의 움직임을 경계하는 것입니다.

2

미국의 현실

|

부자들이 재력으로 민주적인 민중의 세계를 훼손시키고 말살시켰습니다.
부자들이 지지한 후보가 당선되었습니다.
물론 그들의 약속대로 복지 자본주의가 실천되기는 했습니다.
하지만 지속적이지는 않았습니다.
필요성이 사라지자 복지 자본주의도 퇴색하고 말았습니다.

|

자본이 넘치는 결핍의 시대

— 언젠가 렉싱턴의 선생님 댁에서 인터뷰할 때, 전기가 나가는 바람에 선생님과 어둠 속에서 인터뷰한 기억이 납니다.

— 요즘 들어 그런 일이 더 자주 벌어진다는 생각입니다. 그동안 '인프라' 투자에 인색했다는 증거입니다. '단기적 이익에만 매달린 결과'이기도 하고요. 그밖에도 여러 원인이 있겠지만 말입니다.

인프라가 미흡하다는 사실은 많은 사람이 알고 있습니다. 언젠가 배관공을 불렀습니다. 그런데 그가 발전기까지 가져왔습니다. 우리 집 전기가 툭하면 나가기 때문에 발전기를 살 수밖에 없었다는 것입니다.

'아웃소싱'이란 것도 마찬가지입니다. 아웃소싱은 기업에게는 돈을 절약시켜주지만, 잠재적인 노동력을 없애는 악영향도 있습니다. 대학에서도 시간제 교수를 고용하는 실정입니다. 언제라도 쫓아낼 수 있으니까요. 연구소는 단기적인 성과, 곧바로 써먹을 수 있는 결과를 내놓으라는 압력을 받습니다. 기본 연구나 이론 연구는 1950년대에나 가능했던 일입니다. 하지만 이런 연구가 오늘날 경제의 초석이 되었다는 사실을 잊어서는 안 됩니다. 그런데도 요즘엔 기초 학문이 갖는 장기적인 효과를 무시하는 경향이 있습니다.

— 일자리, 돈, 기회 등 모든 것이 충분하지 않은 '결핍'이란 개념을 어떻게 생각해야 할까요?

— 어떤 대도시라도 한번 걸어 다니며 살펴보십시오. 뭔가 개선할 것이 보이지 않나요?

할 일은 산더미 같은데 빈둥거리며 노는 손이 많습니다. 이런 사람들에게 일자리를 주면 반가워하겠지만, 우리 경제 제도는 이들에게 일자리를 줄 수 없을 정도로 파탄 지경에 이르렀습니다.

자본은 넘쳐흐릅니다. 기업계는 엄청난 돈을 쌓아두고 있지만, 그 돈으로 무엇을 해야 할지 모릅니다. 돈이 방향을 잡지 못하고 헤매고 있습니다. 자금은 부족하지 않습니다. 결핍과 고난의 시대가 결코 아닙니다. 속임수일 뿐입니다.

— 1996년 클린턴 대통령은 '개인의 책임과 노동 기회법'이란 법안에 서명했습니다. 지난 61년 동안 연방 정부가 가난한 사람들을 위해 펼쳐온 정책을 포기한 법이었습니다. 그때 선생님은 연방 정부의 역할은 언제나 제한적이었을 뿐 아니라 1970년경부터 눈에 띄게 줄어들었다고 일침을 놓았습니다.

— 그랬습니다. 1970년부터 연방 정부는 가난한 사람들을 거의 포기하다시피 했습니다.

— 어쨌든 선생님은 이 법안을 어떻게 생각하십니까?

— 그 법안에 따르면 만 7세의 어린이까지 개인의 책임을 져야 합니다. 이런 어린아이에게도 과거에 빼앗긴 기회를 주겠다는 것입니다. 굶어 죽을 기회인가요? 아무런 힘도 없는 사람들에게 다시 철퇴를 가한 셈입니다. 가난한 사람들을 증오하고 두려워해야 한다는 프로파간다가 낳은 결과일 수 있습니다.

부자들의 입장에서는 더없이 멋진 법입니다. 《포춘》과 《비즈니스위크 Business Week》가 "눈부신", "엄청난" 이윤을 거둬들이는 부자들과 순전히 민간 기업의 이익을 위해서 첨단산업에 돈을 쏟아붓는 군사 제도에 관심조차 갖지 말라고 우리에게 다그치니까요. 다르게 표현해볼까요? 흑인 엄마가 아기를 많이 낳은 덕분에 캐딜락을 타고 다니며 복지 기금을 챙긴다는 생각을 우리에게 안겨주려는 법입니다. "내가 그런 사람을 위해 세금을 낼 필요가 있어?"라고 사람들이 말하겠죠.

이런 프로파간다는 놀라운 효과를 거두었습니다. 대부분의 국민이 가난한 사람에게 합리적인 최저 생활을 보장해줄 책임이 정부에게 있다고 생각하지만, 복지 정책에는 반대합니다. 가난한 사람들에게 합리적인 최저 생활을 보장해주는 것이 바로 복지인데도 말입니다. 이것이 바로 프로파간다가 일구어낸 성과입니다.

그런데 그 법안에는 거의 논의가 되지 않은 부분이 있습니다. 복지를 줄이는 대신 일자리를 늘리겠다는 것인데, 감춰진 목적은 노동의 공급을 늘려서 임금을 낮추겠다는 것입니다.

뉴욕 시 정부는 이 법이 통과되면서 복지 혜택을 받지 못하는 노동자들을 부분적으로 지원해주고 있습니다. 그 목적이 무엇일까요? 노동조합의 결속력을 와해시키려는 것입니다. 미숙련 노동자들을 노동 현장에 내몰아, 국민 모두가 어떤 형태로든 일자리를 갖는 끔찍한 상황을 만든다고 생각해보십시오. 게다가 약간의 보조금을 투입해서 그들이 계속 일할 수 있는 조건을 만들어줍니다. 그 결과가 무엇이겠습니까? 임금의 하락입니다. 모두를 고통에 빠뜨리는 방법입니다.

— 랠프 네이더는 이제 공화당원이나 민주당원이나 똑같다고 말했습니다.

— 두 '기업 정당business party'은 처음부터 큰 차이가 없었습니다. 시간이 지나면서 약간이나마 있던 차이마저도 사라지고 있는 지경입니다.

내 생각에 자유주의를 신봉한 마지막 대통령은 리처드 닉슨이었습니다. 닉슨 이후로 보수주의자들만이 남았습니다. 그렇습니다. 입으로는 진보주의자라 하는 사람들도 보수주의자에 불과합니다. 뉴딜 시대부터 우리에게 필요했던 자유주의는 1970년대 초 본격화된 계급투쟁에 대응할 새로운 '무기'로서의 효율성을 상실했습니다.

지난 20년 동안, 비즈니스 관련 언론들이 공개적으로 천명한 것처럼 "자본에 노동을 종속"시키기 위해 새로운 '무기'들이 사용되었습니다. 이런 상황에서 자유주의는 거추장스러운 허울일 뿐이었습니다.

복지 자본주의welfare capitalism라는 개념은 민주주의의 쇠퇴를 감추려고 도입한 개념입니다. 사람들의 삶의 주도권을 되찾으려는 움직임을 막을 방법이 없을 때, 역사적으로 확인된 전통적인 현상은 "우리 부자들이 너희를 대신해서 그렇게 해주겠다!"라는 것이었습니다. 그 전형적인 예가 GM의 마을

두 기업 정당^{business party} 은 처음부터
큰 차이가 없었습니다. 시간이 지나면서 약간이나마
있던 차이마저도 사라지고 있는 지경입니다.

이나 다름없던 미시간 주의 플린트에서 1910년경에 일어난 사건입니다.

당시 그곳에는 사회주의적 성격을 띤 노동조합이 있었습니다. 이들의 주도로 주민에게 실질적 권리를 보장해주고 더 민주적인 공공서비스를 제공하기 위한 계획이 수립되었습니다. 경제계는 처음에 약간 멈칫거렸지만 곧 이런 진보적 노선에 동참하기로 결정했습니다. 그리고 이렇게 말했습니다. "여러분의 말이 모두 옳습니다. 하지만 우리에게 맡겨주면 훨씬 잘할 수 있습니다. 우리에겐 돈이 있기 때문입니다. 쾌적한 공원을 원하십니까? 좋습니다. 우리가 지지하는 후보에게 투표하십시오. 그럼, 그가 공원을 조성해줄 테니까요."

부자들이 재력으로 민주적인 민중의 세계를 훼손시키고 말살시켰습니다. 부자들이 지지한 후보가 당선되었습니다. 물론 그들의 약속대로 복지 자본주의가 실천되기는 했습니다. 하지만 지속적이지는 않았습니다. 필요성이 사라지자 복지 자본주의도 퇴색하고 말았습니다.

대공황이 덮쳤을 때 플린트에서 다시 노동조합 운동이 활발하게 전개되었고 덕분에 민중의 권리가 확대되었습니다. 하지만 제2차 세계대전 직후 기업계의 반격이 시작되었습니다. 이번에는 약간 시간이 걸렸습니다. 하지만 1950년대쯤에 기업계는 승리의 깃발을 높이는 듯했습니다.

1960년대에 들면서 시민권 운동의 여파로 가난과의 전쟁 등과 같은 복지 계획이 활성화되면서 기업계의 공세도 주춤할 수밖에 없었습니다. 하지만 1970년대 초 기업계의 공세가 다시 불붙었습니다. 이번에는 어느 때보다 강력하게 밀어붙였습니다.

제2차 세계대전 이후 기업계가 텔레비전 코미디에서 학교 교과서에 이르기까지 모든 수단을 동원해 벌인 프로파간다는 대략 다음과 같이 요약됩니다. "우리 모두 조화롭게 살고 있다. 당신과 당신의 충실한 아내, 열심히 일하는 경영자, 친절한 은행가, 우리는 행복한 대가족이다. 우리는 바깥세상에 있는 나쁜 사람들—노동조합 지도자들과 거대한 정부—에 대항해서 우리 자신을 지키기 위해서라도 함께 손잡고 일해야 한다." 언제나 이런 식으로 기업계는 국민을 세뇌시켰습니다. 망치를 가진 사람들과 그 망치로 머리를 얻어맞는 사람들이 화합해서 살아야 한다고!

─ 사회보장제도에 대한 신뢰감을 좀먹는 캠페인도 있었습니다. 사회보장 기금이 파산해서 베이비붐 시대에 태어난 사람들이 은퇴할 연령에 이르면 한 푼도 남지 않을 거라고 위협하면서 말입니다.

─ 사회보장 기금을 둘러싼 숱한 소문들은 대부분 거짓말입니다. 사회보장 제도를 민영화하자고요? 문제는 제도가 아닙니다. 국가적 차원에서 운영하든 민영화하든 사회보장 기금이 주식시장에 투자되는 것은 똑같습니다. 하지만 국민 개개인이 스스로 자산 관리를 하게 되면, 어떤 일을 함께 할때 기대되는 연대감이 훼손되고, 서로에 대한 책임 의식도 떨어지게 마련입니다.

사회보장이란 '우리 모두에게 삶의 최저 수준을 보장하자'라는 것입니다. 이런 주장이 부자들에게는 탐탁지 않을 것입니다. 국민의 머릿속에 '나쁜 생각', 즉 우리는 함께 일하고 민주적 절차를 중시하며 스스로 의사 결정을 내릴 수 있다는 생각을 심어주게 될 테니까요. 일반 국민이 모래알처럼 행동해서 권력자가 승리하는 세계를 만들어가는 것이 훨씬 낫다고 생각하니까요.

부자들의 목표는 사회의 기본 단위가 당신과 당신의 텔레비전인 세상을 만드는 것입니다. 옆집 아이가 굶주려도 당신이 관여할 문제가 아닙니다. 옆집의 노부부가 잘못 투자해서 굶어 죽더라도 당신이 참견할 문제가 아닙니다.

바로 이런 목표가 사회보장제도를 비난하는 프로파간다에 숨어 있습니다. 다른 쟁점들은 그저 기술적인 문제일 뿐입니다. 커다란 의미가 없습니다. 하지만 세법을 약간만 개선한다면 사회보장제도는 불확실한 미래에서도 제대로 기능할 수 있으리라 믿습니다.

— 그래서인지 한 사람의 손해는 모두의 손해라는 생각 대신에, 한 사람의 손해는 그 사람의 손해일 뿐이라는 생각이 만연한 사회로 변해가고 있습니다.

— 그것이 자본주의 사회의 궁극적 이상일 수 있습니다. 단, 부자는 예외입니다. 기업 이사회는 함께 머리를 맞대고 고민할 권리가 보장되어 있습니다. 은행, 투자자, 기업은 서로 연대해서 일할 수 있습니다. 국가의 강력한 지원을 받는다면 더더욱 좋겠죠. 적극 권장해야 할 방향입니다. 하지만 가난한 사람들은 서로 도우면 안 됩니다!

기업 지원 정책과 공공자금

— 유일한 무소속 하원의원인 버몬트 주의 버니 샌더스는《보스턴글로브》

에 기고한 글에서 "우리가 공정한 방법으로 '예산의 균형'을 맞추려 한다면 기업 지원 기금을 대폭 삭감해야 한다"라고 말했습니다. 한편 선생님께서는 '기업 지원 정책corporate welfare'이라는 개념 자체가 못마땅하다고 말씀하신 걸로 알고 있습니다. 그 이유가 무엇입니까?

— 나는 버니 샌더스를 좋아합니다. 아주 훌륭한 칼럼이었습니다. 하지만 그는 첫 단추를 잘못 끼운 듯합니다. 왜 균형예산이어야 합니까? 이 세상에 빚이 없는 기업이 있습니까? 빚이 한 푼도 없는 가계家計가 있습니까?

균형예산에 집착할 필요가 없습니다. 이런 생각이 사회보장 계획에 딴지를 겁니다. 부자, 특히 금융기관과 채권 소유자에게나 유리한 생각입니다.

이런 뜻이 아니라면 나도 '기업 지원 정책'라는 말에 반대하지 않겠습니다. 왜냐하면, 기업 지원 정책은 애초부터 존재하지도 않을뿐더러 심각한 문제도 아니기 때문입니다. 실제로 우리가 알고 있는 기업 지원 정책이라는 개념은 정부가 기업을 근본적인 차원에서 포괄적으로 돕는 방식이 아닙니다. 예컨대 에탄올 제조업체에 보조금을 지원하는 것은 이사업이 특별한 정부 프로그램이기 때문입니다. 그런데 그 뜻이 왜곡되어 사용되고 있습니다.

대대적인 정부의 간섭이 없었더라면 미국의 자동차, 철강, 반도체 산업은 지금까지 명맥을 유지할 수 없었을 것입니다. 항공우주산업은 전적으로 정부의 지원 덕분에 살아남았다고 해도 과언이 아닙니다. 깅리치가 '애인'처럼 생각하는 록히드는 1970년대 초 엄청난 곤경에 빠졌습니다. 그때 연방정부가 무려 2억 5,000만 달러를 지원한 덕분에 록히드는 겨우 소생할 수 있었습니다. 펜센트럴운송회사, 크라이슬러, 콘티넨털일리노이내셔널뱅크 앤드 트러스트 등도 마찬가지였습니다.

1996년 선거가 끝난 직후, 클린턴 행정부는 7,500억 달러 이상의 공공자금을 신형 전투기 개발에 쏟아붓기로 결정했습니다. 과연 그런 신형 전투기가 군사 목적으로 우리에게 필요한 것일까요? 그런데 그 개발 자금이 어떤 회사에 주어진 줄 아십니까? 전통적으로 전투기를 개발해온 맥도넬더글러스가 아니라 록히드마틴, 그리고 지난 6년 동안 전투기를 한 대도 생산하지 않은 보잉에 개발 자금이 떨어졌습니다.

그 이유가 뭘까요? 보잉은 미국 수출에서 가장 큰 몫을 차지하는 민간 항공기를 팔기 때문입니다. 결국, 민간 항공기는 군용 항공기를 개조한 것입니다. 기술과 설계에서 군용 항공기와 다를 바가 없습니다.

— 게다가 보잉과 맥도넬더글러스는 합병을 선언하면서 거금 10억 달러 이상을 공공연히 보조받았습니다.

— 맥도넬더글러스는 전투기 입찰 경쟁에서 떨어졌기 때문에 보잉과의 합병을 기꺼이 수락했을 것입니다. 맥도넬더글라스가 아니라 보잉을 선택한 이유를 설명하면서, 펜타곤의 기술 담당 차관은 "우리는 미래의 성장 가능성을 고려해 민간 연구소와 손잡을 필요가 있다"라고 말했습니다. 윌리엄 페리 국방장관은 "급속히 발전하는 민간의 기술력에 뒤떨어지지 않기 위한 조치"라고 설명했습니다.

한편 《뉴욕타임스》의 애덤 브라이언트 기자는 "펜타곤이 이제 군산복합체軍産複合體에서 벗어나 산군복합체産軍複合體를 지향하고 있다"라고 말했습니다. 브라이언트 기자가 분명히 말했듯이 이런 변화는 단순한 단어 바꾸기가 아니라, "다양한 고객층을 보유한 기업들과 더 많은 거래를 하려는 펜타곤의 의지"를 보여주는 것입니다.

메릴린치앤드컴퍼니의 한 항공우주산업 분석가는 "군부를 지원하는 산업 기반을 확대시키려는 이런 노력은 2년 전부터 꾸준히 계속되고 있지만 펜타곤의 결정이 이런 흐름에 주된 역할을 했다"라고 지적했습니다.

엄격히 따지면 '이런 노력'은 2년 전이 아니라 반세기 전부터 시작된 것입니다. 그 뿌리는 훨씬 깊습니다. 19세기부터 요컨대 미국 제조업의 규격화와 부품의 호환성에 초석을 놓는 데 군부가 결정적 역할을 했습니다.

다시 말해, 펜타곤이나 에너지국 등의 정부 기관에서 공공자금을 지원받는 민간 산업체와 정부 출연 연구소의 연구 개발 그리고 군납의 주된 목적은 민간 기업에 보조금을 지급하려는 것입니다. 결국 국민이 첨단 기술의 개발비를 부담하고 있지만 정부는 이 사실을 교묘히 감추고 있는 것입니다.

이제 이것은 더 이상 비밀이 아닙니다. 신문 경제란에 자주 언급되고, 때로는 1면 기사에도 나오니까요. 이런 것도 냉전 종식이 안겨준 선물이라 할 수 있습니다. 하여간 안개가 조금은 걷힌 셈입니다. 결국 공공자금을 쏟아부어 미국의 첨단산업이 경쟁력을 유지하는 셈입니다. 여기에 군부가 적잖은 역할을 하고요. 한마디로 군부는 미국 경제를 떠받쳐주는 주춧돌의 일부입니다. 하지만 기업 지원 정책에 대해 언급할 때 대부분의 사람이 이 사실을 간과합니다.

그렇다고 공공자금의 지원이 전혀 없어야 한다는 뜻은 아닙니다. 미래를 위해서라도 과학과 기술에 연구 기금을 지원하는 것은 바람직한 현상입니다. 하지만 두 가지 작은 문제가 있습니다. 공공기금이 펜타곤을 통해 대기업에 집중되는 점과, 공공기금이 어디에 투자되는지 국민이 전혀 모른다는 점입니다. 돈과 권력을 쥔 사람들이 공공기금의 투자 방향을 결정하고, 누구도 그 결정 사항을 알지 못하는 사회에서 우리가 살아야 할 이유는 없다고 생각합니다.

얄궂게도, 가장 큰 목소리로 작은 정부를 주장하는 정치인들이 공공기금으로 민간 기업을 지원하자는 데 앞장서는 사람들입니다. 레이건 행정부는 첨단산업에 엄청난 돈을 쏟아부었습니다. 레이건 행정부는 전후 미국의 역사에서 가장 확실한 보호무역론자였습니다. 물론 레이건은 전후 사정을 몰랐겠지만 그 주변 사람들은 다양한 장치로 수입제한 조치를 취했습니다. 베이커 재무장관은 전후 어떤 정부보다 관세장벽을 높였다고 자랑스레 떠들고 다닐 정도였으니까요.

민간 산업에 대한 미국 정부의 보조금은 상상을 초월할 정도로 큽니다. 물론 정부 보조금은 어느 산업국가에나 있습니다. 예컨대 스웨덴 경제는 다국적기업들, 특히 무기 제조업체들에 크게 의존합니다. 스웨덴의 군수산업이 첨단 기술을 제공한 덕분에 에릭손이 모바일폰 시장에서 절대강자로 부상할 수 있었습니다.

한편 스웨덴의 복지 정책은 예전에 비해 후퇴하고 있는 실정입니다. 여전히 미국의 복지 정책보다는 훨씬 낫지만 예전만 못합니다. 대신 다국적 기업들의 이익은 증가했습니다.

기업계는 정부의 국민 복지와 관련한 비용이 삭감되길 바랍니다. 대신 강력한 정부, 즉 여론을 의식하지 않고 기업계를 위해 일할 수 있는 그런 정부를 원합니다.

— 그럼 선생님은 기업 지원 정책이 국민을 정치에 적극적으로 참여하게 만드는 실마리가 될 수 있으리라 생각하십니까?

— 나는 대단한 전략가가 아닙니다. 다만 기업 지원 기금이 국민을 각성시키는 데 좋은 실마리는 될 수 있으리라 생각합니다. 하지만 국민이 직접 문제를 파헤치고 진실을 찾아내는 것이 더 낫다고 생각합니다. 그럼 국민 스스로 들고 일어날 테니까요.

스위트룸 범죄와 길거리 범죄

— 요즘 언론은 길거리 범죄의 증가에 주목하고 있습니다. FBI의 추정에 따르면, 길거리 범죄로 연간 40억 달러의 비용이 발생한다고 합니다. 한편 《멀티내셔널모니터*Multinational Monitor*》에 따르면, 화이트칼라의 범죄(랠프 네이더의 표현을 빌면 '스위트룸'에서 벌어지는 범죄)에 따른 비용이 연간 2,000억 달러에 이를 것으로 추정합니다. 그런데도 이런 범죄는 묵인되는 세상입니다.

— 미국의 범죄율이 다른 나라에 비해서 높은 것은 사실이지만, 총기 살인을 제외한다면 그렇게 경악할 정도는 아닙니다. 문제는 총기 문화입니다. 전반적인 범죄율은 오랫동안 크게 변하지 않았습니다. 오히려 최근에는 범죄율이 떨어지고 있습니다.

미국은 범죄가 정치 문제로 여겨지는 극소수의 나라 중 하나입니다. 어쩌면 유일한 나라일지도 모르겠습니다. 대부분의 나라에서 범죄는 사회문제로 여겨집니다. 선거기간 동안 미국 정치인들은 누가 범죄를 더 죄악시하느냐를 두고 입씨름을 벌입니다. 범죄를 다룰 방법을 고안해내느라 골머리를 썩이면서 말다툼할 필요가 있는지 모르겠습니다.

그런데 미국에서 범죄가 이처럼 관심사로 부각되는 이유가 무엇일까요? 범죄가 사회통제와 깊은 관련이 있기 때문이라고 생각합니다. 사실 미국을 제3세계의 모델로 전락시키려는 집요한 노력이 있었습니다. 즉, 소수가 대부분의 부를 독차지하고 다수는 자신을 방어할 수단조차 갖추지 못하는 사회로 만들려는 음모였습니다. 너무 과장된 표현이라고 생각하십니까? 내가 이렇게 생각하는 이유 하나를 제시하겠습니다. 기업주가 고용보험이나 노동조합 문제 등으로 걱정할 필요가 없는 멕시코나 다른 곳으로 공장을 옮기겠다고 노동자들을 위협하면 어떻게 되겠습니까?

노동자는 넘쳐납니다. 그렇게 남아도는 노동력을 어떻게 다루겠습니까? 무엇보다 사회가 불공정하기 때문에 혁신적 변화가 있어야 한다는 생각을 노동자가 하지 못하게 만들어야 합니다. 그 최선의 방법은 서로 증오하고 서로 두려워하게 만드는 것입니다. 강압적인 사회는 이 방법을 실행하는 데 주저함이 없습니다. 게다가 이 방법은 두 가지 다른 이점도 있습니다. 하나는 남아도는 사람의 수를 (폭력으로) 줄이는 것이고, 다른 하나는 살아남은 사람들을 격리시킬 공간(즉, 감옥)을 마련하는 것입니다.

마약과의 전쟁도 순전히 사기였습니다. 모두가 알고 있는 사실이지만, 마약 복용과 심지어 커피 소비가 교육받은 백인 사회에서는 줄어들고 흑인들 사이에서는 일정한 수준을 유지하고 있을 때, 마약과의 전쟁이 선포되지 않았습니까! 경찰은 백인들이 모여 사는 교외보다 흑인 빈민가에서 마약범을 체포하는 것이 훨씬 쉽다는 것을 알고 있습니다. 최근에 투옥된 범죄자 중 대다수가 마약 관련 사범이지만, 대부분이 조무래기들입니다.

거물급은 손도 대지 못합니다. 상무부는 미국 기업의 해외 거래 동향을 정기적으로 발표합니다. 물론 추정치에 불과할 뿐 정확한 세부 사항은 발표하지 않습니다. 1996년 말에 공개된 상무부 보고서에 따르면, 1993년부터 1995년까지 캐나다를 제외한 서반구에 대한 직접 투자액 중 약 4분의 1이 버뮤다제도에 집중되었습니다.

은행을 제외한 미국 기업이 50퍼센트 이상의 자본을 출자한 외자계 기업 가운데, 25퍼센트가 버뮤다에 15퍼센트는 파나마와 카리브 해의 영국령 섬나라 등 조세도피처에 있습니다. 나머지 자본의 대부분은, 예컨대 브라질에서 자산을 증식시키는 등의 단기적인 투기 자금으로 추정됩니다.

물론 그들이 버뮤다제도에 대규모 공장을 짓는 것은 아닙니다. 아무리 선의로 해석해도 탈세를 위한 방편입니다. 마약 자금일 가능성도 높습니다. OECD(경제협력개발기구)의 추정에 따르면, 약 2,500억 달러로 추정되는 마약 자금의 절반 이상이 매년 미국계 은행을 통해 거래됩니다. 하지만 내가 아는 한, 그 더러운 돈의 행방을 정확히 아는 사람은 아무도 없습니다.

미국 업체들이 약품 생산에 사용되는 화학제품을 법적 허용치보다 훨씬 많이 라틴아메리카에 팔고 있다는 것은 공공연한 비밀입니다. 이 때문에 정부가 업체들에게 어떤 화학제품을 누구에게 팔았는지 판매 경로를 감시하도록 명령하는 사태까지 벌어졌습니다. 하지만 나는 그에 대한 후속 조치가 있었다는 이야기를 지금껏 들은 적이 없습니다.

마약 관련 기업 범죄만 모르는 체 넘어가는 것이 아닙니다. 저축대부조합S&L들이 정리되던 과정을 생각해보십시오. 아주 소수만이 처벌받았을 뿐, 대다수는 결국 납세자의 돈인 긴급 융자로 소생되었습니다. 처음 듣는 말입니까? 왜 부자와 권력자는 기소가 안 되는 것일까요?

— 《기업 범죄 리포터Corporate Crime Reporter》의 러셀 모키버는 두 가지 통계 수치

를 비교했습니다. 매년 미국에서는 2만 4,000여 명이 살해되는 반면에 5만 6,000여 명이 직업에 관련된 사고와 질병으로 죽는다는 통계였습니다.

─ 이것도 기업 범죄는 면죄부를 받는다는 증거입니다. 1980년대 레이건 행정부는 기업계에 OSHA(직업안전위생관리국) 규정의 위배를 기소하지 않았다고 천명했습니다. 그 결과로 산업재해가 눈덩이처럼 늘어났습니다. 《비즈니스위크》는 재해로 인한 노동 일수의 상실이 1983년부터 1986년까지 거의 두 배로 늘었다고 보도하면서, 레이건과 부시 정부하에서 OSHA가 제재력을 상실한 것도 부분적 원인이라고 지적했습니다.

환경문제도 마찬가지입니다. 예컨대 유독성 폐기물 처리가 대표적인 예입니다. 사람을 죽이는 유독성 폐기물이 제멋대로 버려졌습니다. 이런 짓이 범죄가 아닙니까? 당연히 범죄로 처벌되어야 했지만 그러지 않았습니다.

─ 하워드 진과 나는 콜로라도 주의 플로렌스에 새로 세워진 연방 교도소를 방문한 적이 있었습니다. 철통 같은 보안 시설을 갖추었다고 하더군요. 로비부터 달랐습니다. 천장은 높고, 바닥에는 타일이 깔렸더군요. 그리고 사방이 유리였습니다. 거의 같은 시기에, 나는 뉴욕 시립 학교들에 대한 기사를 읽었습니다. 학생 수가 너무 많아, 학생들이 친구들과 교실에서는 개인적으로 이야기를 나눌 엄두조차 내지 못하고 구내식당, 체육관, 라커 룸에서나 친구들을 만난다는 것이었습니다.

─ 그렇습니다. 교도소와 도심의 학교는 일종의 잉여 국민, 즉 특별히 할 일이 없기 때문에 교육시킬 필요조차 없는 사람들을 수용하는 곳입니다. 하

지만 우리가 문명인인데 암살단을 보내 그들을 죽일 수야 있겠습니까? 그래서 그들을 교도소에 가두는 것입니다.

대부분 조무래기에 불과한 마약 관련 범죄자들이 교도소를 채울 뿐입니다. 은행가나 제약회사 경영진이 교도소에 갇혔다는 이야기를 들은 적이 있습니까? 아마 거의 없을 것입니다. 부자 동네에 사는 사람들도 뻔질나게 범죄를 저지르고 있지만 가난한 사람처럼 쉽게 교도소에 갇히지는 않습니다.

다른 이유도 있습니다. 요즘 교도소 건설이 경제에서 상당한 몫을 차지하고 있습니다. 펜타곤의 규모에 비할 바는 아니지만, 몇 년 전부터 교도소 건설은 급속한 성장세를 보여 메릴린치와 같은 대형 금융회사까지도 주목할 정도입니다. 실제로 메릴린치는 교도소 건설을 위한 채권을 발행하기도 했습니다.

연구 개발 보조금을 받으려 펜타곤의 눈치를 보던 첨단산업계도 슈퍼컴퓨터, 감시 장치 등으로 교도소를 관리해주는 데 관심을 기울이고 있습니다. 앞으로 교도소는 텅 비고 범죄자가 자기 집에 갇혀 지내는 시대가 올지도 모릅니다. 실제로 현재의 테크놀로지 수준으로도 우리가 어디에 있든지 우리의 일거수일투족을 감시하는 것이 가능합니다. 예를 들어 당신이 전화기를 들고 욕설을 퍼붓는다면 갑자기 경보가 울려 당신을 놀래주거나 당신을 감전시킬 수도 있습니다.

이렇게 하면 교도소를 건설하는 비용이 절약됩니다. 물론 건설업계는 타격을 입겠지만 우리 경제에 훨씬 더 큰 활력을 불어넣어 주는 첨단산업에는 도움이 됩니다.

— 마치 조지 오웰의 《1984》를 읽는 기분입니다.

— 오웰의 소설이라 해도 좋고 무엇이라 해도 좋습니다만, 나는 일반적인 국가자본주의의 미래라고 생각합니다. 산업 발전을 위해 소수에게 보조금을 주며, 다수를 희생시키면서까지 소수의 단기적 이익을 극대화시키려는 사회는 그런 방향으로 발전할 수밖에 없습니다.

— 30~40년 전에 선생님이 앞으로 금연 비행기와 금연 식당이 나타나 담배 회사들이 중대한 위기에 처할 것이라고 예언하셨더라면 누구도 믿지 않았을 것입니다.

— 1980년대에 들면서 마약, 담배, 커피 등 건강에 해로운 기호식품들의 소비가 교육받은 부유층에서 대폭 줄어들었습니다. 미국 담배 회사들은 국내에서 매출이 줄어들 것이라 예측하고, 정부를 앞세워 해외시장을 거의 강압적으로 열었습니다.

하지만 가난하고 교육받지 못한 계층의 흡연율은 여전합니다. 게다가 담배는 저소득층에게 일종의 마약이 된 실정입니다. 따라서 언젠가 담배가 불법화되리라 예상하는 법사학자들도 있습니다. 역사적 경험을 보더라도 실제로 어떤 물질이 '위험한 계층'과 연루될 경우 불법화되었습니다. 예컨대 20세기의 금주법 역시 뉴욕의 술집을 제 집처럼 드나들던 노동자들을 일부 겨냥한 것이었습니다. 그때도 부자들은 원할 때 얼마든지 술을 마실수 있었습니다.

나는 특정 계급에 관계된 물질을 불법화하는 것에 반대하는 차원에서 흡연을 불법화하는 것에 찬성하지 않습니다. 그러나 흡연은 자신의 건강을 해칠 뿐 아니라 옆 사람에게도 피해를 줍니다. 흡연 때문에 매년 엄청난 사람이 죽습니다. 따라서 어느 정도의 규제가 있어야 한다고는 생각합니다.

— 1996년 8월 게리 웨브가 《산호세 머큐리 뉴스》$^{San Jose Mercury News}$에 3회에 걸쳐 연재한 글을 보완해서 발표한 책이 바로 《어둠 속의 연대》$^{Dark Alliance}$입니다. 여기에서 웨브는 CIA(미국중앙정보국)가 로스엔젤레스의 흑인들에게 양질의 코카인을 팔아서 자금을 마련했다면서, 1980년대에 마약이 남용된 것에는 CIA의 책임도 크다고 주장했습니다.

그런데 선생님은 지금껏 이에 대해 거의 언급하지 않았습니다. 선생님의 강연이 끝난 후 질의응답 시간에 이에 대한 질문을 받을 때에만 의견을 피력하셨습니다. 요컨대 선생님은 이 문제에 별다른 관심이 없는 듯이 보입니다.

— 나는 그 문제를 다르게 볼 뿐입니다. 웨브의 주장은 근본적으로 옳습니다. 하지만 CIA가 마약 거래에 연루되었다는 사실은 벌써 25년 전 알프레드 맥코이의 책 《헤로인의 정치학》$^{The Politics of Heroin}$을 통해 널리 알려진 사실입니다. CIA는 제2차 세계대전 직후부터 마약 거래에 끼어든 것으로 알려졌습니다. 파업을 방해하고 없앨 목적으로 재건시킨 마피아가 시작한 마르세유의 프렌치 커넥션, 라오스와 미얀마의 국경 지대인 골든트라이앵글, 그리고 아프가니스탄까지 마약 거래에 연루된 CIA의 흔적을 추적할 수 있습니다.

밥 패리와 브라이언 바거는 10년 전에 CIA의 연루설을 폭로한 적이 있습니다. 이들이 제시한 증거는 이론의 여지가 없었습니다. 하지만 이들은 곧 침묵하고 말았습니다. 어쨌든 웨브는 세세한 부분까지 추적하여 코카인이 특별한 경로를 통해 흑인 빈민가에 흘러든다는 사실을 밝혀냈습니다. 이런 공로는 인정받아 마땅합니다.

하지만 CIA는 연루설을 부인합니다. 나는 CIA의 부인이 터무니없는 것이라 생각지 않습니다. CIA는 웨브가 폭로한 자질구레한 사실까지 알아야 할 이유가 없을 것이고, 알고 싶어 하지도 않을 것입니다. 요컨대 코카인이 흑인 빈민가에 퍼진 것은 음모 때문이 아니었습니다. 그냥 우연히 그렇게 된 것입니다. 자연스런 과정이었죠. 조금만 논리적으로 생각해보면 알 수 있습니다. 스스로를 지켜낼 수 있는 건강한 공동체에 코카인이 퍼지기란 어려울 것입니다. 반면에 황폐화된 공동체, 즉 사람들이 생존을 위해 발버둥치고, 부모들은 식탁에 놓을 빵 값을 벌려고 일해야 하기 때문에 아이들을 방치할 수밖에 없는 지역에 코카인은 쉽게 퍼질 것입니다.

물론 CIA와 마약 사이에는 모종의 커넥션이 있었습니다. 미국은 중앙아메리카 곳곳에서 일어나는 국제 테러에 끼어들었습니다. 하지만 대부분은 밀히 진행되었습니다. 정부와 언론의 고위급 사람들은 그 사실을 알았지만, 모른다고 발뺌할 수 있었다는 뜻입니다. 추적할 수 없는 자금을 마련하고 잔인한 암살자들을 고용하기 위해서라도, 미국 정부는 노리에가와 같은 마약 밀매자들에게 눈을 돌렸던 것입니다. 물론 노리에가도 미국에 등을 돌리기 전까지는 미국의 '절친한 친구'였습니다. 이제 이런 사실은 비밀도 아니고 놀랄 일도 아닙니다.

바로 이 점에서 나는 웨브 같은 사람들과 다릅니다. 나는 CIA가 독자적으로 마약 거래에 관여했다고 생각지 않습니다. 백악관의 명령에 따른 것이라 생각합니다. CIA는 국가정책의 하수인으로 이용당한 것입니다. 정부가 그럴듯하게 부인하고 싶은 공작을 도맡아 처리하는 곳이 바로 CIA입니다.

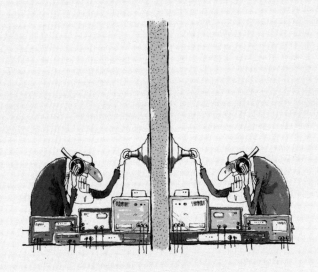

물론 CIA와 마약 사이에는 모종의
커넥션이 있었습니다. 미국은 중앙아메리카 곳곳에서
일어나는 국제 테러에 끼어들었습니다.
하지만 대부분 은밀히 이루어졌습니다.
정부와 언론의 고위급 사람들은 그 사실을 알았지만,
모른다고 발뺌할 수 있었다는 뜻입니다.

여론조작

— 에드워드 허먼과 함께 쓴《여론조작*Manufacturing Consent*》에서 선생님은 기사가 인쇄되기 전에 거치는 다섯 가지 여과 장치에 대해 말씀하셨습니다. 이제 그 다섯 가지에 수정이 필요하지 않을까요? 특히 반공주의*anticommunism*는 거의 의미가 없어진 듯한데요⋯⋯.

— 잠정적으로 그렇습니다. 그 책을 쓸 때에 나는 공산주의가 지나치게 좁은 뜻으로 해석된다고 생각했습니다. 공산주의를 넓은 의미로 해석하면, 중대한 적이 우리를 언제라도 공격할 수 있으니 국가의 보호하에서 힘을 합쳐야 한다는 뜻으로 해석할 수 있습니다.

다시 말해 국민을 은근히 위협하고 국민이 주변에서 실제로 벌어지는 일에 관심을 갖지 못하게 만들 필요가 있습니다. 따라서 어떤 식으로든 국민에게 두려움과 증오심을 심어주고, 사회·경제적 상황 때문에 생긴 국민의 분노와 불만을 다른 곳으로 돌려야 합니다.

1980년대 초부터 공산주의는 머잖아 몰락할 조짐을 보였습니다. 즉 더이상 국민에게 두려움을 안겨줄 만한 핑계거리가 아니었습니다. 그래서 레이건은 정권을 잡자마자 '국제 테러'에 초점을 맞추었고, 리비아를 '샌드백'으로 점찍었습니다.

그 후 레이건 정부는 반혁명 세력을 지원할 필요가 있을 때마다 리비아와 대립 구도를 만들었습니다. 우스꽝스럽기 그지없는 짓이었습니다. 리비아 암살단의 테러에서 불쌍한 레이건을 보호하겠다며 탱크로 백악관을 빙둘러싼 적도 있었으니까요. 한마디로 국제적인 조롱거리였습니다.

1980년대 말쯤에는 라틴아메리카의 마약 밀매업자들이 적으로 낙인찍혔습니다. 이제는 마약 밀매업자만이 아니라 이민자, 흑인 범죄자, 생활 보조금을 받는 어머니 등까지 적으로 둔갑해, 정부의 프로파간다대로라면, 우리는 적들에게 포위당한 채 살고 있습니다.

— 《여론조작》 끝 부분에서 선생님은 "미디어의 사회적 목적은 … 사회를 지배하는 특권계급의 경제·사회·정치적 어젠다를 보호하는 것이다"라고 결론지었습니다. 여기에 덧붙이고 싶은 말씀이 있으신가요?

— 내 결론은 구차한 설명이 더 이상 필요 없을 정도로 자명합니다. 오히려 사실이 아니라면 더 놀랍지 않겠습니까? 자유 시장이나 이와 유사한 것만이 존재한다는 단정적인 전제에서는 그 결론밖에 도출되지 않습니다.

— 그런데 에드워드 허먼은 《Z 매거진 *Z Magazine*》에서 "언론은 자유로워야 한다"라는 생각을 개진하지 않았던가요?

— 정말로 중요한 것은 미디어를 소유하고 통제하는 사람들의 욕망이라는 에드워드의 주장은 조금도 틀린 것이 아닙니다. 하지만 미디어가 진정으로 자유로울 수 있는가라는 문제에서 나는 에드워드와 약간 생각이 다릅니다. 내 생각에, 《워싱턴포스트》나 《뉴욕타임스》와 같은 전국적인 언론은 "자유롭다 ^liberal^"라는 단어의 정의를 만족시킵니다. 때로는 내가 기대하는 것 이상의 논조를 보이기도 합니다.

예를 들어 설명하겠습니다. 놀랍게도 《뉴욕타임스》는 인도네시아 노동자의 권익을 적극적으로 옹호하는 논조를 보였습니다. 더 많은 돈을 벌기 위해서라면 인도네시아 노동자들을 인정사정없이 억압해야 한다는 우익의 생각에 정면으로 배치되는 논조였습니다. 또한《뉴욕타임스》는 40년 전이 었다면 그 신문사에 발을 붙이지도 못했을 밥 허버트와 같은 칼럼니스트를 고용했습니다. 실제로 이들은 아주 설득력 있고 객관적인 기사를 내보내고 있습니다.

하지만 전반적으로 주류 언론들은 기본적인 전제를 분명히 합니다. 예컨 대 부자들을 위한 복지국가를 유지한다는 전제입니다. 이런 기본 틀 안에서 만 의견의 차이가 용납됩니다. 또한 이런 기본 틀 안에서 이 언론들도 자유 로울 수 있습니다. 따라서 엄격하게 말하면 언론은 잘 짜여진 프로파간다 시스템이라 할 수 있습니다. 그리고 언론은 그래야만 생존할 수 있습니다.

국민을 소극적이고 순종적으로 만드는 최적의 방법은 엄격하게 제한된 허용 범위 내에서만 활발한 토론을 허락하는 것입니다. 범위를 넘지 않는 다면 비판적인 반대 의견까지 권장합니다. 이렇게 하면 국민은 의견을 자 유롭게 개진할 수 있는 사회에서 살고 있다고 생각하게 되지만, 허용된 범 위라는 한계로 인해 기존 시스템은 더욱 공고해집니다.

따라서 우리는 서남아시아 평화 과정이 즉각 시행되어야 하느냐 아니면 연기되어야 하느냐, 이스라엘이 기득권을 어느 정도까지 양보해야 하느냐 등의 문제는 얼마든지 토론할 수 있습니다. 그러나 현재의 서남아시아 평 화 과정이 지난 25년 동안 분쟁해온 이스라엘과 팔레스타인의 권익을 존중 하면서 기울여온 외교적 노력을 일순간에 물거품으로 만들었고, 팔레스타 인의 국가로서의 권리를 인정하지 않는 미국의 입장을 관철시킨 것이라는 사실 자체에 대한 토론은 허용되지 않습니다.

이런 관점에서 "언론은 자유롭다"라는 뜻을 살펴보아야 할 것입니다. 언론인의 80퍼센트가 민주당을 지지한다고 가정해봅시다. 그렇다고 그들이 진정한 의미에서 자유주의자라는 뜻일까요, 아니면 극단적으로 좁은 의미에서의 중도좌파라는 뜻일까요? 내 글이 좌파적 성향을 띤다고 말하지만, 엄격히 따지면 내 글의 대부분은 허용 가능한 범위 내에서 극좌에 가깝습니다.

한 걸음 더 나아가서, 모든 언론인의 80퍼센트가 《Z 매거진》에 기꺼이 글을 쓰는 열정적인 급진주의자라고 해봅시다. 그렇다고 언론 자체가 급진주의라고 말할 수 있을까요? 모든 언론이 자유로운 생각을 기꺼이 받아들일 때에나 그렇게 말할 수 있을 것입니다. 언론은 기자의 어떤 의견이라도 허용할 수 있어야 합니다.

그러나 논의의 초점은 바로 이것입니다. 언론이 개방적이라고 전제하더라도 언론이 개방적으로 변하는 것은 아닙니다. 이 명제가 잘못된 것이란 경험적 증거는 엄청나게 많습니다. 하지만 우리는 이 명제를 진지하게 다룬 적이 없습니다. 그저 언론은 개방적이라고 막연히 생각해왔을 뿐입니다. 권력이 집중되고 교육받은 계층이 순종적인 사회에서는 언론을 이렇게 생각할 것입니다.

― 호주의 저명한 학자 앨릭스 캐리의 《민주주의에서 리스크 극복하기》*Taking the Risk out of Democracy*의 영어판이 일리노이 대학 출판부에서 발간되었습니다. 그 책에는 "풀뿌리 프로파간다와 우듬지(나무 꼭대기) 프로파간다*Grassroots and Treetops Propaganda*"라는 제목의 장이 있습니다. 정확히 무슨 뜻인가요?

— 우듬지 프로파간다는 에드워드 허먼과 내가 집요하게 지적해왔던 것과 크게 다르지 않습니다. 구체적으로 말하면, 우듬지 프로파간다는 국민 중 교육받은 계층을 대상으로, 다른 사람들이 지켜야 할 일반적인 틀이나 어젠다를 설정하고 의사를 결정하는 데 교육받은 계층이 더 많이 참여하도록 유도하는 엘리트 언론이라고 할 수 있습니다. 한편 풀뿌리 프로파간다는 일반 대중을 겨냥해서, 이들의 관심을 딴 데로 돌려 우리를 방해하지 않도록 만드는 것입니다. 또한 이들이 공공의 장에 끼어들지 않도록 만드는 공작이기도 합니다.

— 미국 프로파간다에 대한 주된 저서 중 하나를 호주 학자가 썼다는 사실이 좀 창피하지 않습니까?

— 천만에요. 앨릭스 캐리는 오랜 친구입니다. 사실 우리는 《여론조작》을 그에게 헌정하기도 했습니다. 그는 기업 프로파간다 연구에서 선구자라 말해도 과언이 아닙니다. 미디어는 기업 프로파간다의 한 부분에 불과합니다. 게다가 앨릭스 캐리는 기업 프로파간다를 주제로 회심의 역작을 준비했지만 완성하지 못하고 세상을 떠났습니다.

기업 프로파간다는 현대사에서 대단한 역할을 했지만 거의 연구되지 않았습니다. 거대한 기업들이 오래전부터 여론을 통제하는 데 전념하고 있다는 사실을 알고 있는 사람이 거의 없기 때문입니다. 캐리는 비즈니스 관련 언론을 예로 들며 "여론이 기업가들에 가장 큰 걸림돌"이라고 말했습니다.

우리는 언론이 자유롭고도 위험하며 누구에게도 통제받지 않고 반대할 수 있다고 생각합니다. 바로 이런 생각 자체가 기업 프로파간다의 결과라고 할 수 있습니다.

─ 1995년 여름 시카고에서는 몹시 심한 더위로 700명 이상이 죽었습니다. 대부분 에어컨이 없는 가난한 동네 노인이었습니다. 이때 언론은 "시장 논리에 700명이 죽다"로 표제를 뽑아야 하지 않았을까요?

─ 당신 말이 맞습니다. 정직한 언론이었다면 시장 논리로 사망자 수가 늘어났다고 보도했어야 합니다. 언론에 실린 모든 기사가 좀 더 정직하고 인간적인 관점에서 보도되어야 마땅했습니다. 권력자의 이해관계를 반영하지 말고요. 하지만 언론이 그렇게 해주길 기대하는 것은 GM이 모든 이익금을 빈민가의 가난한 사람들에게 나눠주길 기대하는 것이나 마찬가지입니다.

─ 선생님이 《뉴욕타임스》에서 허용하는 유일한 자유주의자라고 평가하는 앤서니 루이스는 〈펜타곤 문서Pentagon Papers〉(미국의 베트남전쟁 개입을 기록한 1급 기밀문서) 폭로 25주년을 축하하는 글에서 언론의 의연함과 용기를 보여준 훌륭한 예라고 칭찬했습니다. "1971년 전에는 길들여진 따분한 언론밖에 없었다"라고 말입니다.

─ 약간의 변화가 있었던 것은 사실입니다. 1960년대에는 믿음을 받아들이는 개인적인 태도에서부터 많은 점에서 사회가 변했습니다. 이런 변화는 기업과 기업형 언론을 포함해 모든 것에 영향을 주었습니다. 특히 기업형 언론은 많은 점에서 1960년대에 비해 자유로워졌습니다.

랜돌프 라이언은 그 시대를 아우른 칼럼을 썼습니다. 1960년대에 처음 언론계에 발을 딛은 그는 1980년대에 《보스턴글로브》에 중앙아메리카를 다룬 훌륭한 기사를 많이 썼습니다. 1960년대의 문화는 《보스턴글로브》의 편집장 톰 윈쉽에게도 영향을 주었습니다. 지나친 확대 해석인지 몰라도 그의 아들은 징병 반대자였습니다. 하여간 1960년대에 일어난 변화는 윈쉽의 사고방식에 영향을 주었고, 《보스턴글로브》를 많은 점에서 개선시켰습니다. 한마디로 1960년대는 우리 사회에 큰 영향을 주었습니다. 하지만 〈펜타곤 문서〉가 1971년에 공개된 것은 실제로 이런 변화와 큰 관계가 없습니다.

1968년 구정 대공세(1968년 구정 때의 베트콩의 대공세) 이후, 미국은 전쟁을 계속할 가치가 없다는 결론을 내렸습니다. 기본적으로 필요한 것을 얻었고, 전쟁을 계속하기엔 너무 많은 비용이 든다는 계산이 나왔기 때문입니다. 그래서 존슨은 협상을 시작했고 미군을 철수시켰습니다.

하지만 그로부터 1년 반이 지난 후에야 언론은 반응을 보이기 시작했습니다. 기업계가 베트남전쟁을 조심스레 비판하면서 언론의 입지를 넓혀주었기 때문입니다. 내 기억이 맞다면, 베트남에서 미군의 철수를 가장 먼저 다룬 신문은 《보스턴글로브》였습니다.

그때 루이스도 "베트남전쟁이 좋은 일을 해보려던 어설픈 노력"으로 시작되었다고 말하면서, 지금은(1969년) 그 전쟁에 끼어든 것이 엄청난 실수인 것으로 밝혀졌고 미국은 값비싼 대가를 치렀을 뿐 아무런 해결책도 제시할 수 없었다고 덧붙였습니다. 재밌는 일이 생각나는군요. 1980년, 아니 1981년이었던가요? 러시아 일간지 《프라우다*Pravda*》도 "아프가니스탄 전쟁은 좋은 일을 해보려던 어설픈 노력으로 시작되었지만 이제 그 전쟁은 러시아에 값비싼 대가를 치르게 한 엄청난 실수인 것으로 밝혀졌다"라는 논조로 말했습니다.

물론 베트남의 입장에서는 '엄청난 실수'가 아니었습니다. 살인적인 침략이었습니다. 《뉴욕타임스》가 이런 식으로 글을 쓰기 시작할 때에야 우리는 비로소 어떤 변화가 일어나고 있다는 것을 짐작할 수 있습니다.

〈펜타곤 문서〉에서 언급된 사건을 《뉴욕타임스》가 인용 보도한 적은 거의 없었습니다. 다른 주류 언론에서도 마찬가지였습니다. 《뉴욕타임스》가 보도한 내용은 새로울 것이 없었습니다. 새로운 정보를 얻더라도 《뉴욕타임스》는 대중에게 이미 널리 알려진 것을 재확인하는 것으로 그쳤습니다. 미국을 좌지우지하는 권력층이 전쟁을 끝내기로 결정하고 3년이 지난 뒤에야 《뉴욕타임스》는 그런 사실을 보도했습니다. 《뉴욕타임스》의 이런 태도를 의연하다고 칭찬할 수는 없겠지요.

― 정부가 공영 라디오와 텔레비전에 주는 지원금을 줄였기 때문에 공영방송도 점점 기업에 의지할 수밖에 없는 입장입니다. 이런 현상을 어떻게 생각하십니까?

― 공영 라디오와 텔레비전은 한계가 있는 기업이었습니다. 밥 맥체스니의 지적대로, 1920년대와 30년대에는 라디오를 공영화할 것인가 아니면 민영화할 것인가를 두고 논란이 있었습니다. 그 결과는 당신도 잘 알고 있을 것입니다. 그 후 텔레비전이 등장했을 때는 별다른 논쟁도 없었습니다. 선례에 따라 당연히 민간 기업의 몫이 되었습니다.

두 번 모두 민주주의를 빙자해 민간 기업이 승리했습니다! 미국의 지적

문화라는 것이 이렇게 이상합니다. 미디어를 공공의 손에서 빼앗아 민간 독재자들에게 넘기는 것입니다. 그리고 이것을 민주주의라고 미화합니다.

시간이 흐르면서 이런 생각이 굳어졌습니다. 1996년의 통신법은 공공 자산을 민간에 양도한 역사상 최악의 법이었습니다. 계약금조차 받지 않고 말입니다.

맥체스니는 이런 대대적인 양도가 사회·정치적인 문제로 다루어지지 않았다고 지적했습니다. 아주 중요한 지적이었습니다. 언론의 경제란을 읽어 보십시오. 이런 공공 자산을 민간의 손에 양도해야만 하는가라는 문제가 전혀 언급되지 않았습니다. 그런데 어떤 식으로 양도해야 하는가라는 문제가 논의될 수 있었겠습니까? 한마디로 프로파간다가 거둔 승리였습니다.

공영 라디오와 텔레비전은 장식적인 효과를 갖습니다. 민영방송이 법에서 요구하는 공공의 의무를 다하지 않는다고 비판받기 때문입니다. 그래서 민영방송들은 "공공의 역할은 공영방송에 맡기자"라고 말합니다. 그런데 이런 주변적 역할마저 이제는 줄어들고 있는 실정입니다.

그렇다고 공영 라디오와 텔레비전이 죽었다는 뜻은 아닙니다. 중세 시대에도 예술은 메디치 가문처럼 '인정 많은 독재자'의 지원에 의존했습니다. 어쩌면 오늘날에도 인정 많은 독재자가 그 역할을 할 수 있으리라 생각합니다. 어쨌든 오페라와 심포니를 지원할 수 있는 사람들이 바로 그들이니까요.

맥체스니는 대부분의 방송 혁명이 공영 라디오와 텔레비전에서 비롯되었다는 사실도 지적하고 있습니다. 그렇습니다! 민영방송이 아니었습니다. FM라디오는 공영방송으로 시작했고, 돈벌이가 되면서 민영방송에 넘어갔습니다. 최근에는 인터넷이 대표적인 예입니다. 인터넷도 공공 분야에서 고안하고 개발한 것입니다. 그리고 돈벌이가 되지 않을 때에는 공공 분야에서만 운영되었습니다. 그런데 돈벌이가 될 듯한 조짐을 보이자 곧바로 거대 기업들이 인터넷을 먹어치웠습니다.

— 하지만 아카데미상 다큐멘터리 부문을 수상한 〈치명적인 기만^{Deadly Deception}〉(GM의 실상을 고발)과 〈파나마 사건^{The Panama Deception}〉, 그리고 선생님을 집중 취재한 〈여론조작^{Manufacturing Consent}〉은 공영 텔레비전에서 방영되지 않았습니다.

— 과거에는 더 심했습니다. 1970년 초 나는 인도차이나에서 보름을 보냈습니다. 그때 나는 보스턴 지역에서 꽤나 유명했습니다. 보스턴은 NPR(국립공영라디오)의 주요 지사인 WGBH가 있는 곳입니다. WGBH의 운영자인 루이스 M. 라이언스는 대단한 자유주의자로 알려졌지만 마지못해 내게 인터뷰를 청했습니다. 그것도 단 몇 분이었습니다. 아주 악의적인 인터뷰였습니다. 어쨌든 내 기억이 맞다면 내가 공영 라디오 방송에 출연한 유일한 때였습니다.

나는 요즘의 언론을 그렇게 대단하게 생각지 않습니다. 하지만 그들이 30~40년 전에 비해 많이 개선되고 편향성을 떨쳐낸 것은 사실입니다. 1960년대의 변화를 겪은 사람들이 언론계에 투신하면서, 좀 더 인간적인 관점에서 글을 쓰고 있으니까요. 적어도 부분적으로는요.

— 진정한 민주사회에서 언론은 어떤 모습이어야 할까요?

— 공공의 관리를 받아야 합니다. 언론의 미래, 언론의 보도, 언론에의 접근성 등 모든 것이 국민 참여로 결정되어야 할 것입니다. 적어도 국민이 참여하고 싶은 정도까지 말입니다. 내 생각이지만 모든 국민이 기꺼이 참여하리라 믿습니다.

미국의 일부 언론은 지금보다 과거에 더욱 민주적이었습니다. 멀리 갈 것도 없습니다. 1950년대에도 800여 개의 노동계 신문이 있었습니다. 매주 2,000만~3,000만 명의 노동계 신문 종사자들이, 온갖 수단을 동원해 노동계를 매도하고 대기업의 미덕을 팔아 국민을 세뇌시키던 상업 언론에 맞서 싸웠습니다.

— 밥 맥체스니에 따르면 1940년대 초에는 약 1,000명의 노동 전문 기자가 있었다고 합니다. 그런데 요즘에는 일곱 명밖에 없다더군요.

— 어떤 신문에나 경제란이 있습니다. 하지만 신문사를 좌지우지하는 소수의 이익만을 대변할 뿐입니다. 이상하게 들리겠지만 나는 노동란이 있는 신문을 본 적이 없습니다. 노동계에서 주목할 만한 소식이 있어도 경제란에 실립니다. 바로 경제의 주역이라는 경영자의 관점에서 보도되기 때문입니다. 이런 사실은 누구에게 힘이 있는지 보여주는 단적인 증거입니다.

— 뉴스가 선정적으로 흐르는 경향을 비판하는 사람이 많습니다. 또한 텔레비전 프로그램 편성자들은 "우리는 대중이 원하는 것을 주고 있다. 아무도 시청자에게 텔레비전을 켜고 우리 프로그램을 보라고 강요하지 않는다"라고 항변합니다. 선생님 생각은 어떠십니까?

— 무엇보다, 대중이 원하는 것을 준다는 주장에 동의할 수 없습니다. 한 가지만 예를 들어보겠습니다. NAFTA(북미자유무역협정)로 인해 여성과 흑인과 라틴계 사람 그리고 전 노동자의 70퍼센트를 차지하는 비숙련 노동자 들이 큰 피해를 입을 것이란 사실을 알았더라면, NAFTA가 의회에서 비준된 다음 날 뉴욕 시민이 《뉴욕타임스》에서 어떤 기사를 읽고 싶어 했을까요?

그런데 그때까지 그런 사실은 은폐되었습니다. NAFTA로 이익을 볼 사람들이 누릴 행복한 이야기로만 가득했습니다. 지역 은행, 텔레커뮤니케이션과 서비스 기업, 경영 컨설턴트와 홍보 관계자, 법률가와 마케팅 전문가, 월 가의 금융기관, 자본집약적인 화학 산업, 미디어 기업과 출판업 등에 대한 이야기만이 언급되었습니다.

하지만 이런 조작이 없으면, 국민이 원하는 것은 사회적 관계에서 조성됩니다. 즉 우리가 살아가면서 경험하는 것으로 결정됩니다. 요컨대 구조가 바뀌면 우리는 다른 길을 선택하게 됩니다.

언젠가 나는 브라질의 빈민가를 둘러본 적이 있습니다. 텔레비전 황금 시간대에 야외에 설치한 대형 화면 앞에 주민들이 모여 그 지역 방송국에서 제작한 프로그램을 시청하고 있더군요. 주민들은 상업 텔레비전 방송국의 멜로드라마나 연속극보다 지역 프로그램을 더 좋아했습니다. 하지만 일방적으로 방송되는 대형 화면에서 그런 기회가 주어질 때만 주민들은 그런 즐거움을 누릴 수 있었습니다.

미국인을 조사해보아도 마찬가지입니다. 미국인이 원하는 것은 상업성을 탈피한 프로그램입니다. 그런데 그런 프로그램을 본 적이 있습니까? 없을 것입니다. 미국 프로그램에서는 대기업들이 온갖 상품을 시청자에게 팝니다. 그들은 우리에게 다른 선택을 주려하지 않습니다.

— 〈시민사회, 미국이 사라지다The Strange Disappearance of Civic America〉란 기사에서, 로버트 퍼트넘은 텔레비전을 범죄자로 취급했습니다.

— 하버드의 사회학 교수인 퍼트넘은 주류에 속한 사람입니다. 하지만 1960년대 이후로 사람들 사이의 교제가 50퍼센트 가량 줄어든 것에 주목하지 않을 수 없었습니다. 이웃을 방문하고 사친회 모임에 참석하며 볼링 모임에 참여하는 횟수가 줄었습니다. 아이들이 텔레비전을 보며 많은 시간을 보내는 이유 중 하나로 부모자식 간의 대화가 1960년대부터 현재까지 40퍼센트 정도 줄어든 것이 거론됩니다. 부모자식 간의 대화가 줄어든 이유가 무엇이겠습니까? 부모가 모두 빵 값을 벌려고 주당 50시간을 노동해야 하는 것도 무시하지 못할 원인일 것입니다. 아이들을 돌봐줄 사람이 없습니다. 그렇다고 지원 제도가 탄탄한 것도 아닙니다. 그럼 아이들에게 무엇이 남겠습니까? 텔레비전밖에 없습니다.

하지만 텔레비전 자체를 비난할 필요는 없습니다. 아이들이 텔레비전을 찾는 것이 자연의 법칙은 아니니까요. 바로 마케팅 문화의 산물입니다. 그런 의도로 텔레비전 프로그램이 구성됩니다. 우리에게 올바른 지식을 가르치는 텔레비전이 아닙니다. 텔레비전에서 노동조합에 가입하는 방법이나 삶의 조건을 개선하기 위해 어떤 일을 해야 하는지 가르쳐주는 프로그램을 본 적이 있습니까? 없습니다. 당신 정신을 파괴하고, 당신을 다른 사람들과 떼어놓으려는 메시지들이 반복될 뿐입니다. 당신은 그렇게 세뇌되어갑니다.

텔레비전은 국민을 세뇌시키는 데 주된 역할을 해왔습니다. 민주주의는 위협적이고 위험한 것이기 때문에 엘리트 계급은 어떤 수를 써서라도 민주

미국인을 조사해보아도 마찬가지입니다.
미국인이 원하는 것은 상업성을 탈피한 프로그램입니다.
그런데 그런 프로그램을 본 적이 있습니까? 없을 것입니다.
미국 텔레비전 프로그램에서는 대기업들이 온갖 상품을
시청자에게 팝니다. 그들은 우리에게
다른 선택을 주려하지 않습니다.

주의의 확산을 막으려고 했습니다. 민주주의의 확산을 막는 최고의 방법은 국민의 관심을 딴 데로 돌리는 것입니다. 19세기 기업가들이 복음 종교를 후원했던 것도 바로 그런 목적이었습니다.

— 통계에 따르면 어린아이들이 주당 평균 40시간 동안 텔레비전을 본다고 합니다. 그들의 목표가 성취된 셈이군요.

— 그렇습니다.

높은 선거비용, 낮은 투표율

— 클린턴은 1996년 선거가 "'과격한 자유주의와 냉담한 보수주의' 사이에서 숨을 죽이고 있던 '중환자실'의 설욕"이라고 말했습니다. 선생님은 이 선거를 어떻게 평가하십니까?

— '중환자실' 이외에 다른 선택이 있었던가요? 클린턴과 돌은 약간 다르게 행동했고, 따라서 지지층도 약간 달랐습니다. 하지만 둘의 지지자 모두 온건한 공화주의자, 즉 정부 관리들과 언제라도 변심할 수 있는 기업계 대표들이었습니다.

　내 생각에 그 선거 결과는 '중환자실'에 반대한다는 국민의 뜻을 보여준 듯합니다. 두 후보 모두 인기가 낮았고, 이들에게 무엇인가를 기대하는 국민은 거의 없었습니다. 투표율이 49퍼센트에 불과했습니다. 아마 역사상 가장 낮은 수치일 것입니다. 정치체제가 제 역할을 하지 못한다는 국민 정서가 반영된 수치입니다.

— 제가 알기론 1924년 선거가 가장 낮았는데요?

— 1924년 선거는 고려 대상이 아닙니다. 여성에게 참정권이 부여된 최초의 선거였기 때문입니다. 처음인 까닭에 대부분의 여성이 투표에 익숙하지 않아 참여하지 않기 때문에 투표율이 낮았던 것입니다. 이런 사실을 고려한다면 1996년 선거가 역사상 투표율이 가장 낮았습니다.

— 1996년 선거에는 돈도 엄청나게 들었습니다. 발표된 공식적인 금액만도 16억 달러였으니까요. 선거비용은 점점 늘지만 투표율은 점점 낮아지는 실정입니다.

— 텔레비전에 나온 한 평론가의 지적처럼, 전당대회가 아니라 대관식이었습니다. 그런대로 남아 있는 민주주의의 형식적인 요건들까지 없애버리기 위한 수순인 듯합니다. 한마디로, 자유와 시장과 민주주의를 향한 기업의 전면적인 공격입니다.

우리 주변에서 가장 가난한 나라인 아이티와 비교됩니다. 지난 몇 년 동안 아이티는 생동감 있고 역동적이며 주체적인 시민사회를 이뤄냈습니다. 민주주의의 승리라 할 수 있는 괄목할 만한 터전을 마련했습니다. 미국이 개입하면서 철저하게 그 싹을 짓밟아버렸지만 말입니다. 다시 일어서지 못할 정도로!

미국에 주체적인 지식인 계급이 있다면, 우리가 아이티에 민주주의를 가르쳐줄 것이라는 주장을 듣자마자 이들은 낄낄대고 웃다가 의자에서 나뒹굴었을 것입니다. 미국의 시민사회는 붕괴되고 있습니다. 그런데도 우리는 아이티에 민주주의를 가르치겠다면서 그 나라를 침공했습니다.

— 선거를 경매에 비유하는 평론가도 있습니다. 돈을 가장 많이 쓴 사람이 독식한다는 뜻이겠죠.

— 선거를 경매에 비유했다고요? 아주 흥미로운 비유군요. 하여간 선거가 점점 타락해가는 것은 사실입니다. 하지만 국민이 일어선다면, 예컨대 노동조합이 세력을 얻고 풀뿌리 조직이 발전한다면 모든 것을 바꿀 수 있습니다. "그래, 우리가 더 인자한 독재자가 되겠어"라고 말하면서 가장 먼저 정치단체부터 바뀔 것입니다. 정치단체에 그 이상의 압력이 가해진다면 우리는 의미 있는 사회 변화를 끌어낼 수 있습니다.

정당이 국민을 우선적으로 고려한다고 생각하는 사람이 있을까요? 아마도 대부분의 국민들은 그렇게 생각하지 않을 것입니다. 대중의 불만은 산더미처럼 큽니다. 하지만 그 불만이 대부분 정부를 향하고 있습니다. 언론을 지배해서 여론을 그렇게 몰아가는 기업계의 프로파간다 때문입니다. 기업에 불만을 가진 국민이 어찌 없겠습니까? 하지만 이런 여론조사는 거의 없기 때문에 우리는 그 불만이 어느 정도인지 정확히 알지 못합니다.

— 선거자금개혁안에 대해 어떻게 생각하십니까?

— 나쁜 것은 아닙니다. 하지만 큰 효과가 있을지는 의문입니다. 법을 피해 갈 수 있는 방법은 얼마든지 있으니까요. 마약 유입을 근절시키려 노력하겠다고 주장하는 것이나 마찬가지입니다. 국민 모두가 마약을 끊지 않는 한 마약을 몰래 들여올 방법은 많습니다.

진짜 문제는 선거 자금이 아닙니다. 기업계가 휘둘러대는 엄청난 힘입니다. 선거자금개혁안이 무슨 수로 기업계를 바꾸겠습니까!

기업의 독재적 권력

— 클린턴 정부에서 노동장관을 지낸 로버트 라이시는 "새로운 노동 현장에 전통적인 노동조합이 필요하냐는 문제에 부정적인 입장이다"라고 말했습니다. 역시 클린턴 정부에서 상무장관을 지낸 고故 론 브라운은 "현재 노동조합이 있는 곳에는 노동조합이 노동자의 권익을 대표하겠지만, 노동조합이 없는 곳에서는 어떤 유형의 조직이 노동자를 대표해야 하는지 아직 명쾌하게 정리된 바가 없다"라고 말했습니다. 선생님은 두 장관의 말을 어떻게 해석하십니까?

— 클린턴 정부는 민주당이란 가면을 쓰고 있지만 알맹이는 온건한 공화당 정부라는 점에서 그리 놀랄 일도 아닙니다. 노동자들이 기업의 힘에 맞서 싸울 조직을 갖추도록 허락할 이유가 무엇이겠습니까?

물론 첨단 기술 현장에는 노동조합이 아닌 '유연성flexibility'이 필요할지도 모릅니다. 하지만 유연성은 당신이 밤새 자는 동안 일자리가 없어질지도

모르는 현실을 미화시킨 단어일 뿐입니다. 그렇다고 유연성이 당신에게 큰 돈을 안겨주는 것도 아닙니다. 유연성은 이윤 추구에는 도움이 되겠지만 인간성을 파괴하는 악마입니다.

유명한 말이 있습니다. 유명하지 않다면 이번 기회에 유명해지면 좋겠습니다. 1970년경이라 생각됩니다. 브라질의 한 장성이 브라질의 경제 기적을 언급하면서 "경제는 잘하고 있다"라고 말했습니다. 뒤집어 해석하면 국민이 문제라는 뜻이었습니다. 이 한마디에 권력층의 사고방식이 그대로 담겨 있습니다.

— 골치가 아프군요. 소비자가 돈이 많아야 소비할 수 있을 테고, 그래야 기업에게도 이익이 아닐까요? 헨리 포드는 이런 논리에서 직공들의 일당을 5달러로 인상시켜주었습니다. 그래야 노동자가 자기 손으로 만든 자동차를 살 수 있을 테니까요.

— 이윤을 창출해야 이익인 것은 부인할 수 없는 사실입니다. 그런데 물건을 많이 만들어 많은 사람에게 팔아서 이윤을 창출할 수도 있겠지만 다른 방법도 있습니다. 어쩌면 값싼 노동자를 고용해서 물건을 최소한으로 만들어 상대적으로 부자인 사람들에게 파는 것이 더 이익일 수도 있습니다. 그와 동시에 금융 투기로 돈을 추가로 벌면 금상첨화겠죠.

— 다국적기업의 경영자들은 제3세계의 노동자들에게 지급하는 낮은 임금에 대한 질문을 받을 때마다, "전에는 일자리가 없었던 사람들입니다. 그런데 우리가 그들에게 일자리를 주었습니다. 게다가 그들은 우리에게 장사가

무엇인지도 배웁니다"라고 대답합니다. 이 대답을 선생님은 어떻게 생각하십니까?

ㅡ 그들이 진정으로 그렇게 생각한다면 이윤의 일부라도 사용해서 인도차이나 노동자들의 노동조건을 개선해주었을 것입니다. 그런데 그런 선행을 베풀었다는 뉴스를 들어본 적이 있습니까? 그들에게 돈이 없습니까?《포춘》에서 매년 선정하는 500대 기업들이 그런 작태를 보이고 있습니다.

기업 경영자 개인만을 비난하는 것은 아닙니다. 전체적인 분위기가 그렇다는 것입니다. 한 인정 많은 경영자가 기업 자금을 인도차이나에서 노동조건을 개선하는 데 쓴다면 그는 곧바로 기업계의 외톨이로 전락하고 그 기업에서 쫓겨나고 말 것입니다.

기업 경영자의 책임은 주주들에게 최대한의 이익과 시장 점유율과 브랜드 파워를 보장하는 것입니다. 노동조건이 열악하기 때문에 2년 안에 죽거나 직장을 그만둘 여자들에게 굶어죽지 않을 정도의 임금, 즉 기아임금 ^{starvation wages}을 주면서도 그 책임을 다해낼 수 있어야 능력 있는 경영자로 평가받습니다. 이제 일자리라는 개념도 심각하게 고려해야 할 실정입니다.

ㅡ 기업 경영자들은 사태를 재빨리 파악해서, 하루에 한 번이 아니라 두 번이라도 샤워하는 것을 허락하는 등 사소한 것들은 기꺼이 양보하지 않나요?

ㅡ 그렇습니다. 옛날 왕들도 그랬습니다. 신하들을 완전히 통제할 수 없을 때 왕들도 신하들에게 많은 것을 양보했습니다. 노예 주인들도 똑같았습니다.

작은 양보라도 상당히 효과 있습니다. 그럼 제3세계 사람들이 조금이나마 고통에서 벗어날 것이고, 그들의 행동이 작은 효과를 거두었다는 사실에 용기를 얻어 한 걸음씩 전진해 나아갈 수 있을 것입니다. 그 결과가 무엇이겠습니까? 궁극적으로 그들은 "왜 우리는 그들에게 양보를 요구해야 하는가? 왜 그들이 모든 권력을 쥐고 있는가? 왜 우리에게 왕이 필요한가?"라는 의문을 제기하기에 이를 것입니다.

— 최근에 저는 '구조조정' 중에 있는 트리니다드 섬에 다녀왔습니다. 그곳 노동자들과 이야기를 나눌 기회가 생겨 그들에게 직장에 다니기 위해 어떤 교통수단을 이용하냐고 물었습니다. 그들은 택시를 이용해야만 한다고 대답했습니다. 그래서 "버스가 없습니까?"라고 물었습니다. 그들이 살고 있는 가난한 동네에서 출발하던 버스 노선이 없어졌다고 대답하더군요. 그래서 수입의 상당 부분을 택시비로 길에 뿌려야 하는 실정이 된 것입니다.

— 트리니다드 섬만 그런 것이 아닙니다. 그런 현상은 세계 곳곳에서 찾을 수 있습니다. 비용을 부자에게서 가난한 사람에게 전가하는 것이 '효율성'을 개선하는 첩경입니다.

오늘 아침엔 직접 차를 몰고 연구실에 나왔습니다. 도로가 움푹 팬 곳 투성이더군요. 게다가 차도 막히고요. 하지만 대중교통을 이용하는 것도 만만치 않습니다. 시간도 많이 걸릴뿐더러 직접 운전하는 것보다 비용이 더 드니까요.

손수 운전하는 것 이외에 다른 대안이 없기 때문에 자동차를 사고 휘발유를 더 많이 사용할 수밖에 없습니다. 형편없는 도로 사정 때문에 자동차는 걸핏하면 고장 나고 수명도 줄어듭니다. 게다가 환경오염도 심각해지고, 이 때문에 건강관리에도 많은 돈을 써야 합니다.

국민에게 이런 불편함을 안겨준 덕분에 국민총생산^{GNP}은 늘어납니다. 그리고 경제가 호황이라는 찬사가 뒤따릅니다. 이런 현상이 기업주의 관점에서는 효율적으로 보일 것입니다. 하지만 국민에게 전가된 비용, 트리니다드 섬의 가난한 노동자에게 전가된 택시 비용은 계산되지 않습니다.

― 로스앤젤레스는 한때 매우 광범위한 대중교통망을 갖추고 있었지만 완전히 붕괴되고 말았습니다.

― 그렇습니다. 보스턴도 그랬습니다. 20세기 초만 해도 전철로 뉴잉글랜드 전역을 다닐 수 있었습니다.

그런데 우리 모두가 자동차를 사고, 교외에 살며, 대형 쇼핑몰에 다녀야 하는 사회로 변한 이유가 무엇일까요? 1950년대에 정부는 '국가 방위 고속도로 시스템$^{National Defense Highway System}$'이란 이름으로 고속도로를 건설하기 시작했습니다. 엄청난 예산을 쏟아붓는 이유를 정당화하기 위해서 '방위'라는 단어를 넣어야 했습니다. 하지만 실제로는 철도와 같은 대중교통 대신에 자동차, 트럭 등 휘발유와 타이어를 더 많이 소비하는 교통 체제로 전환하기 위한 핑계에 불과했습니다.

역사상 가장 대규모로 진행된 사회공학 프로젝트 중 하나였습니다. 정말음모로 시작된 프로젝트였습니다. GM, 파이어스톤, 캘리포니아의 스탠더드오일(셰브런)이 로스앤젤레스의 대중교통 체제를 돈으로 사들여 파괴시켜버렸습니다. 그 지역 주민들에게 자신들의 제품을 어쩔 수 없이 사용하게 만들려고요!

이 문제는 법정까지 갔습니다. 그런데 세 기업에는 수천 달러의 벌금형이 부가되었을 뿐입니다. 그리고 정부가 전 과정을 떠맡았습니다. 이와 똑같은 일이 미국 전역에서 벌어졌습니다. 주 정부와 지방정부까지 끼어들었습니다. 기업의 막강한 힘을 보여준 좋은 예였습니다. 결코 시장 원리에 따른 일이 아니었습니다.

이런 일이 지금도 벌어지고 있습니다. 보스턴이 요즘에 세운 새로운 계획은 대중교통 체계의 일부를 민영화시키는 것입니다. 민간 기업에 운영을 맡긴다면 더 효율적으로 개선될 것이라고 주장하면서 말입니다. 과연 민간 기업이 어떻게 할까요? 당신이 교통수단을 운영하는 기업의 경영자라면, 주주들에게 이익을 안겨줄 책임이 있다면, 어떻게 하겠습니까? 내가 그런 입장이라면 이익이 나지 않는 노선을 폐쇄할 것입니다. 노동조합을 해체시킬 것입니다…….

— 갭, 디즈니, 나이키, 리복 등 전 세계에서 노동력을 착취하는 기업들의 만행을 알리는 적극적인 캠페인이 간혹 보입니다. 선생님은 이런 캠페인이 조직적인 운동으로 발전하리라고 생각하십니까?

— 꽤 좋은 캠페인이라고 생각합니다. 하지만 이런 질문은 잘못된 것이라 생각합니다. 적어도 내 생각에는 그렇습니다. 전통적인 마르크스주의 정치를 상당히 훼손시키는 질문이라 생각하기 때문입니다.

우리가 세상이 어떻게 움직이는가에 대해 차근차근 하나씩 배워갈 때 세상에 대한 구조적인 의문도 자연스레 생기게 마련입니다. 예컨대, 아이티 사람들이 미국 부자들의 지갑을 채워주려고 시간당 2센트로 노동한다는 사실을 알게 된다면, 이런 깨달음은 전반적인 권력 구조에 대한 의문으로 자연스레 이어지지 않겠습니까!

─ 현재의 경제구조가 승승장구하는 것 같습니다. 하지만 선생님의 말씀에 따르면 현재의 경제구조는 자기 파괴적인 면을 띠고 있습니다. 자체의 논리에 의해 현재의 경제구조는 소멸할 수밖에 없다고 말씀했습니다. 아직도 그 생각에는 변함이 없으십니까?

─ 엄밀하게 따지면 약간 다르게 말했습니다. 현재의 경제구조는 결국 소멸의 길로 치달을 수밖에 없는 조건들을 내포하고 있다고 말했습니다. 하지만 전 세계가 제3세계처럼 변할 것이라고는 단정 지어 말할 수 없습니다. 부자들에게 모든 것이 집중되고, 자원이 부자들을 보호하는 데 이용되며, 일반 국민은 불만스럽고 가난하게 살아가는 제3세계처럼 변할 것이라고 단정할 수는 없겠죠.

물론 이 세계가 오랫동안 지속될 수 있으리라고는 생각하지 않지만 객관적으로 증명할 수는 없습니다. 일종의 실험인 셈입니다. 아무도 이 세계를 충분히 경험하거나 이해하고 있지 못하기 때문에 어느 누구도 미래를 단정 지어 말할 수 없습니다.

어쨌든 여론조사에 따르면 엄청나게 많은 사람이 현재의 경제구조를 불만스레 생각하고 있습니다. 《비즈니스위크》가 기업에 대한 국민의 생각을 조사한 결과를 보면 나는 그저 놀라울 뿐입니다. 민주국가에서는 거의 불가능한 수치인 95퍼센트의 국민이, "노동자와 지역공동체를 위해 이윤을 줄여야 할 책임이 기업에 있다"라고 대답했습니다. 또한 70퍼센트가 기업에 지나치게 많은 힘이 부여되어 있으며, 거의 같은 비율의 국민이 탈규제 등과 같은 조치를 통해 일반 국민보다 기업이 더 많은 이득을 얻었다고 생각합니다.

거의 같은 시기에 실시된 다른 조사에서도 비슷한 결과를 보였습니다. 국민의 80퍼센트가 노동자들에게는 큰 발언권이 없고, 경제구조는 원천적으로 불공정하며, 정부가 부자들의 눈치를 보느라 기본적으로 제 역할을 못한다고 생각하는 것으로 드러났습니다.

요즘 여론조사의 질문들은 150년 전 매사추세츠 주 동부의 노동자들이 요구하던 것에도 훨씬 미치지 못합니다. 당시 그들은 "조금만 더 인정을 베풀었으면 좋겠습니다. 우리에겐 조금만 주십시오"라고 말하지 않았습니다. 그들은 "당신들에게는 우리를 지배할 권리가 없다. 우리가 공장 주인이다. 공장에서 일하는 사람이 그 공장의 주인이어야 한다!"라고 요구했습니다.

그런데 오늘날 사람들은 기업에 조금만 더 친절해달라고 요구할 뿐입니다. 그러나 급진적인 변화를 요구하는 사람들이 없지는 않습니다. 여론조사가 급진적 대안에 대해서는 조사하지 않기 때문에 그 수가 얼마나 되는지 모를 뿐입니다. 따라서 여론조사가 국민의 생각을 제대로 반영한다고 볼 수 없습니다.

국민은 제도권에 대해 아주 냉소적입니다. 이런 냉소주의는 반사회적이고 비합리적인 형태를 띠기 일쑤입니다. 프로파간다와 여론조작이 만연되어 있어 국민 대다수는 대안을 생각조차 못합니다. 언제라도 대안이 제시된다면 폭발적인 호응을 얻을 수 있으리라 생각합니다.

국민의 행동에서 그 가능성을 읽어낼 수 있습니다. 국민의 행동은 미국

한국에서는 파업 노동자들을
상시 대체 인력으로 대신할 수 있는 권한을
민간 기업에 인정하려는 흐름에 맞서 노동자들이 싸우고 있습니다.
이런 흐름이 대세이더라도 결코 용납할 수 없다는 것이
한국 노동자들의 입장입니다. 이들의 주장이 맞습니다.
이런 흐름은 국제 노동 기준을 위배하는 것이니까요.

의 길거리에서 마약을 파는 것처럼 파괴적이기도 하지만, 한국의 파업처럼 건설적인 면도 있습니다. 한국에서는 파업 노동자들을 상시 대체 인력으로 대신할 수 있는 권한을 민간 기업에 인정하려는 흐름에 맞서 노동자들이 싸우고 있습니다. 이런 흐름이 대세이더라도 결코 용납할 수 없다는 것이 한국 노동자들의 입장입니다. 이들의 주장이 맞습니다. 이런 흐름은 국제 노동 기준을 위배하는 것이니까요.

이런 정책을 시행한 까닭에 ILO(국제노동기구)에 견책당한 유일한 나라가 바로 미국입니다. 이 사실을 보면 과연 미국이 문명국인지 의심스러울 따름입니다.

— 기업의 지나친 힘을 우려하는 사람들이 '사회적으로 책임 있는 기업'에 직접 참여하라는 압력을 간혹 받는다고 합니다. 선생님은 이런 현상을 어떻게 생각하십니까?

— 나는 그런 생각을 비난하고 싶지는 않습니다. 하지만 그렇게 된다고 만사가 해결될 것이란 환상까지는 품지 말라고 충고하고 싶습니다. 폭력적인 독재자보다는 인정받은 독재자가 더 낫지 않느냐는 생각과 같으니까요. 간혹 인정 많은 지배자가 나타날 수는 있습니다. 하지만 그는 자신이 남들에게 인정받았다고 느낀다면 언제라도 매정한 사람으로 돌변할 수 있습니다. 나는 매정한 독재자라도 아동 학대를 근절시키는 독재자를 선택하겠습니다. 하지만 독재 자체가 이 땅에서 사라져야 합니다.

— 리처드 그로스먼, 워드 모어하우스 등은 법인설립허가서(기업을 창업해서

기업을 운영하는 기준을 서술한 서류들) 쇄신을 줄기차게 주장하고 있습니다. 이런 요구가 현실적인 것인지 의심스럽습니다. 그런 요구를 다룰 주 의회가 거의 완전히 대기업의 지배 아래 있는데요.

─ 나는 기업 권한의 적법성에 의문을 제기하는 것으로 시작해야만 한다고 생각합니다. 기업이 현재의 위상을 지닌 것은 비교적 최근의 일입니다. 기업의 권한은 1800년대 말에 판례를 통해 대부분 주어진 것입니다. 그런데 기업의 권한이 금세기 초에 극적으로 확대되었습니다.

내 생각에 기업은 독재적 권력을 휘두르는 부조리한 조직입니다. 그 지적인 뿌리도 파시즘이나 볼셰비즘의 뿌리와 크게 다르지 않습니다. 실제로 이런 분석이 낯설지 않은 시대가 있었습니다. 예컨대 50여 년 전에 활동한 정치경제학자 로버트 브래디의 책에서도 분명히 읽을 수 있습니다. 또한 이런 분석은 노동운동, 계몽주의 사상, 고전적 자유주의에 뿌리를 두고 있습니다.

당신이 지적한 것처럼, 모든 기업이 법인설립허가서를 갖추어야 하기 때문에 기업을 법적으로 해체할 수는 있습니다. 하지만 착각해서는 안 됩니다. 법대로 시행한다는 것은 그 자체로 엄청난 변화입니다. 전술적 차원에서 법인설립허가서 쇄신을 제안하는 것만으로는 큰 의미가 없습니다. 입법부가 기업의 이익이 아니라 국민의 이익을 대변할 수 있을 때에야 고려할 수 있는 전술입니다. 그렇게 하자면 교육과 조직의 근본적인 변화가 필요합니다. 경제를 좀 더 민주적으로 운영할 대안적 제도들이 우선 마련되어야 합니다.

하지만 기업은 근본적으로 부조리한 조직이기 때문에 현재와 같은 형태로 존재해서는 안 된다는 사실을 지적하는 것으로 시작할 수는 있습니다. 이런 식으로라도 시작해야만 합니다. 노예제도나 군주제도처럼 억압적인 제도가 변했고 이 땅에서 사라졌듯이, 현재의 기업도 변할 수 있습니다. 이 땅에서 지금의 기업을 사라지게 만들 수도 있습니다. 한계가 있다고요? 그렇지 않습니다. 어떤 한계도 없습니다. 궁극적으로는 모든 것이 국민의 통제를 받아야 합니다.

3

위협받는 세계

인도에 대한 미국의 이중적 입장은 때때로 상당히 추악한 면까지 띠었습니다.
독립 직후, 즉 1950년대 초에 인도는 극심한 기아에 시달렸습니다.
그 때문에 수백만 명이 죽었습니다. 그때 미국은 식량이 남아돌았지만
트루먼은 인도에 한 톨의 식량도 보내지 않았습니다. 그 이유가 뭔지 아십니까?
단지 네루의 독자 노선이 마음에 들지 않았기 때문입니다.

세계자본주의의 확대

– 독일의 실업률이 1933년 이후로 최고 수준을 기록하고 있습니다. 지멘스, 보쉬 등과 같은 기업들이 독일 공장을 폐쇄하고 해외로 이전시키고 있기 때문입니다. 선생님은 다임러벤츠가 앨라배마 주, BMW가 사우스캐롤라이나 주에 공장을 이전하게 된 과정을 언급한 적이 있는데요······.

– 독일 산업계는 몇 년 전부터 미국을 제3세계 국가처럼 취급해왔습니다. 미국의 임금이 더 낮습니다. 세금도 많지 않습니다. 게다가 해외 기업을 유치시키려고 주 정부들이 경쟁을 벌이면서 온갖 혜택을 제공합니다. 독일의 노동조합들은 이 문제를 해결하려고 미국의 노동조합들과 연대하려 했지만, 결과적으로 둘 모두 상처를 입었을 뿐입니다.

소비에트 제국의 붕괴도 이런 현상과 적잖은 관계가 있다고 생각합니다. 예측했듯이, 동유럽이 과거 500년 동안 겪었던 상황으로 되돌아가고 있습니다. '원조 제3세계'로 말입니다. 체코공화국과 폴란드 서부처럼 유럽 서쪽에 속한 지역은 결국 서유럽의 모습을 띠겠지만, 대부분의 동유럽은 제3세계처럼 처절한 가난에 빠져들고 있습니다. 먼 옛날처럼 서유럽에 종속되고 말 것입니다.

얼마 전, 런던의 《파이낸셜타임스Financial Times》에 "공산주의의 잔해로 뻗어간 초록 가지"라는 기사가 실렸습니다. '초록 가지green shoot'는 '배부른 서유럽 노동자들'에 비해 턱없이 적은 임금으로 동유럽 노동자들을 고용하는 서유럽 산업자본가들의 수완을 빗댄 말이었습니다. 《비즈니스위크》에도 이와 비슷한 논조의 기사가 실렸습니다.

이제 서유럽 자본가들은 잘 교육된 노동자들을 싼 임금에 구할 수 있습니다. 공산주의가 노동자들을 제대로 교육시킨 덕분입니다. 똑같이 하얀 피부에 푸른 눈동자이지만 누구도 터놓고 그런 말을 못합니다. 게다가 동유럽 노동자들은 건강하기도 합니다. 하지만 건강보험 체계가 붕괴되고 있기 때문에 그들이 얼마 동안이나 현재의 건강을 유지할지 모르겠습니다. 어쨌든 당분간은 건강할 것입니다. 또한 동유럽은 인프라도 그런대로 잘 갖추어져 있습니다.

서유럽 기업들은 여전히 국가의 보호를 요구합니다. 폴란드나 체코공화국의 자동차 공장에 투자할 때 GM이나 폭스바겐은 안정된 시장 점유율과 보조금, 그리고 보호 장치를 요구합니다. 제3세계 국가나 미국에 진출할 때도 예외가 없습니다.

— 조지 소로스는 여러 기고문을 통해, 이제 민주사회를 위협하는 주적은 공산주의가 아니라 야만적인 세계자본주의의 확대라는 관점을 피력했습니다만…….

— 새삼스런 주장이 아닙니다. 150년 전의 노동자들은 자신들의 자유와 권리와 문화를 위협하는 제도에 맞서 싸웠습니다. 물론 이들의 주장이 옳았

습니다. 소로스도 이런 관점을 계속 견지하는 한 옳습니다.

하지만 그는 시장 구조가 확산된다고 전제합니다. 하지만 이는 사실과 다릅니다. 오히려 확산되고 있는 것은 일종의 기업의 중상주의^{mercantilism}입니다. 게다가 정부의 강력한 뒷받침을 받으면서 말입니다. 소로스는 금융 투기로 돈을 벌었습니다. 통화와 자본의 흐름을 규제하던 브레턴우즈협정이 미국의 주도로 폐기되고 텔레커뮤니케이션이 눈부시게 발전한 덕분에 자본의 신속한 이동이 가능해지면서 한결 쉬워진 금융 투기로 돈을 번 사람입니다. 이런 것이 세계자본주의는 아닐 것입니다.

— 지금 세계경제포럼이 스위스의 다보스에서 열립니다. 정치계와 기업계의 지도자들이 모여 엿새 동안 회의를 할 모양입니다. 빌 게이츠, GE(제너럴 일렉트릭)의 존 웰치, 베냐민 네타냐후, 뉴트 깅리치 등 쟁쟁한 인물들이 이 회의에 참석합니다.

이 회의에 참석한 기업들의 연간 매출을 합하면 약 4조 5,000억 달러 정도 됩니다. 어쨌든 선생님은 이 회의를 우리가 반드시 관심을 가져야 할 만큼 의미 있는 행사라고 생각하십니까?

— 물론입니다. 관심의 고삐를 늦춰서는 안 된다고 생각합니다. 하지만 솔직히 말해서 나는 이 회의에서 대단한 결과가 나오리라 기대하지는 않습니다. 여기에서 중대한 문제가 다루어지든 않든 간에, 우리에게 전해지는 소식은 대부분 공허한 수사 어구에 불과할 테니까요.

우리는 삼각위원회에도 관심을 가져야 합니다. 이들의 보고서를 읽어보면 이들이 앞으로 취할 행동이 충분히 예측됩니다. 나는 지금까지 이들의 보고서를 모두 읽었지만 첫 번째가 가장 흥미로웠습니다. 새로운 것을 밝히고 있기 때문은 아니었습니다. 이들의 생각을 공개적으로 천명하고 있었기 때문입니다.

뜻밖에도, 민주주의에 대한 병적인 두려움을 숨김없이 드러낸 보고서였습니다. 따라서 민주주의를 억압하는 대책을 아주 명시적으로 요구했습니다. 이 때문에 여론의 주목을 받자마자 그 보고서를 담은 책이 시장에서 순식간에 사라진 것이 아니겠습니까! 결국 그 책은 특수 계급에게 읽히려고 쓰인 것이란 예측이 가능합니다.

삼각위원회, 외교관계협의회^{CFR} 등과 같은 조직은 기업계 지도자, 정부 고위층, 주류에서 밀려나지 않으려고 애쓰는 지식인 사이에 맺어진 합의를 반영합니다. 물론 이들은 다른 집단도 끌어들이려고 노력합니다. 예컨대 AFL-CIO(전미노동총연맹 산업별 회의)의 의장인 존 스위니도 다보스포럼에 초대받았습니다. 즉 그들은 과거에도 그랬듯이 지금도 노동계 지도자들을 끌어들이고 싶어 합니다. 하여간 그들의 목적과 계획, 그리고 그 이유를 추론해볼 증거는 많습니다.

─ 선생님은 그런 조직들이 음흉한 음모를 획책하고 있다고 생각하지 않으십니까?

─ 스위스에서 회의를 개최하면서 어떤 음모를 꾸밀 바보가 있을까요? 그들은 그렇게 바보가 아닙니다. 그렇다고 지금껏 음모가 없었다는 뜻은 아닙니다. 1956년에 영국과 프랑스와 이스라엘은 이집트에 침공할 계획을 비밀리에 세웠습니다. 물론 당신이 원한다면 이런 비밀 계획도 음모라 할

수 있겠지만, 엄밀히 말하면 이 비밀 계획은 강대국 간의 전략적 연대에 불과했습니다.

— 윌리엄 오언스(전前 합동참모본부 부의장) 장군과 조지프 나이(클린턴 정부에서 국방부 관리를 지낸 하버드 케네디스쿨의 학장)는, 미국이 세계 언론과 인터넷과 텔레커뮤니케이션을 지배하고 있기 때문에 21세기는 "미국의 세기"일 것이라 전망했습니다.

— 미국의 민주주의와 자유 시장을 전 세계가 인식하면서, 미국은 국제 외교와 국제 활동에서 거의 절대적인 힘을 갖게 될 것이란 전망도 내놓았습니다. 그들이 언급한 텔레커뮤니케이션과 정보 기술은 대중이 얼마나 착각하고 있는가를 전형적으로 보여주는 대표적인 예입니다.

민간 기업에 지원되는 보조금을 국민이 부담하고 있다는 사실을 알고 있는 사람이 과연 몇이나 될까요?

위험과 비용은 국민이 떠안고 있습니다. 그러면서도 국민은 외국의 적에 맞서 스스로를 지켜야 한다는 소리를 들어야 합니다. 이런 것이 민주주의이며 시장경제라고 말입니다. 이런 착각에 세뇌되어 아무도 이런 주장에 이론異論을 제기하지 못합니다.

— 할리우드 영화와 비디오, 텔레비전과 인공위성을 통해 미국 문화가 전 세계 문화를 지배할 것이란 전망도 있습니다.

— 인도가 문호를 개방하면서 미국 기업이 인도에 실질적으로 진출할 수

있게 되자 미국 기업은 광고 회사부터 인수하기 시작했습니다. 순식간에 인도의 광고 회사들은 외국 대기업의 지사로 전락했습니다. 물론 대부분이 미국에 본사를 둔 대기업들이었습니다.

홍보 산업은 '군대가 군인들을 기계 부품처럼 조직화하듯이 여론을 엄격히 조작하는 것'을 목표로 삼습니다. 인도의 경우에서는 국민들의 기대치와 선호성을 조작해서 국민들이 인도 상품보다 외국 상품을 더 선호하게 만드는 것이 이들의 목표였습니다.

— 하지만 인도에서는 이런 조작에 만만찮은 저항이 따랐습니다. 켄터키프라이드치킨 지점 앞에서 벌어진 대대적인 시위가 대표적인 예일 것입니다.

— 유럽에서도 적잖은 저항이 있습니다. 유럽 전체를 아우르는 공통된 민중 문화와 미디어를 바탕으로 유럽을 동질적이고 질서 있는 사회로 만들자는 운동이 있는 반면에, 정반대 방향을 지향하는 운동도 있습니다. 예컨대, 지역화를 주장하며 개별 문화와 언어를 되살리자는 운동입니다. 모순되기는 하지만 두 운동이 협조하면 나란히 발전할 수 있으리라고 생각합니다. 다른 지역도 마찬가지입니다.

미국은 범지구적 문화를 만들었지만, 그 문화에 저항하는 문화도 만들었습니다. 이런 반발이 결코 피할 수 없는 필연적 과정이라고는 생각하지 않습니다.

— 지난 2년 동안 선생님은 호주, 인도, 남아메리카를 차례로 방문했습니다. 이 여행에서 특별히 느끼신 점이라도 있습니까?

— 여기 보스턴에 앉아서는 결코 알 수 없는 것을 많이 보았습니다.

— 하지만 여전히 신문에 실린 기사들만을 다루시는 것 같은데요…….

— 맞습니다. 어쨌든 어떤 현상을 실제로 보면 느낌이 훨씬 강렬하게 마련입니다. 인도의 빈곤을 수치로 읽는 것과 봄베이(현재 뭄바이)의 빈민가를 직접 두 눈으로 보는 것은 확연히 다릅니다. 말로 표현하기 힘들 정도로 처참한 상황에서 가난하게 살아가는 사람들을 직접 본다면……. 그런데 이들도 엄연히 일자리를 가졌습니다. 뉴욕의 메디슨 가와 런던과 파리의 상점에서 고가에 팔리는 가죽옷을 이들이 만듭니다.

　인도만의 이야기는 아닙니다. 전 세계에서 비슷한 현상을 목격할 수 있습니다. 보스턴의 중심가도 예외가 아닙니다. 이곳에서도 지독히 가난한 사람과 마주칩니다. 내가 제3세계에서 보았던 것만큼이나 극심한 가난을 뉴욕에서도 볼 수 있습니다.

— 그래도 브라질의 파벨라스^{favelas}(판자촌 빈민가)에 비교할 수 있을까요?

— 비교 자체가 불가능합니다. 아이티, 리우데자네이루, 봄베이에서 겪는 가난과 고통은 우리의 상상을 초월합니다. 하지만 우리가 지금 그런 방향으로 치닫고 있습니다. 당신도 알겠지만, 할렘의 흑인 남성 사망률이 방글라데시의 남성 사망률과 거의 비슷합니다.

　하지만 심리적 효과도 무척이나 중요합니다. 아무리 극악한 조건이라도 주변 환경에 따라 편안하게 받아들여질 수 있습니다. 반대로 당신이 속한 사회에서 당신은 가난으로 인해 건강까지 나빠질 수 있습니다.

이런 점에서 나는 제3세계에서나 볼 수 있는 상황을 뉴욕과 보스턴에서도 볼 수 있다고 말한 것입니다. 석기시대 사람들은 컴퓨터나 텔레비전이 없어도 행복할 수 있었습니다. 절대적인 기준으로 본다면, 파벨라스의 빈민들이 석기시대 사람들보다 훨씬 잘삽니다. 하지만 석기시대 사람들만큼 충분히 영양을 공급받고 건강하다고 말할 수는 없습니다.

앞에서도 언급했듯이, 어떤 현상을 직접 본다면 글로는 느낄 수 없는 강렬함을 받습니다. 그리고 글로 써지지 않은 것까지 볼 수 있습니다. 그것은 마치 민중 투쟁이 직면한 문제에 맞서 나가는 방식과도 같습니다.

― 세계화 그리고 다국적기업의 힘에 맞서 싸울 조직을 어떻게 만들어갈 수 있을까요?

― 우리가 그 문제를 얼마나 진지하게 생각하느냐에 달려있습니다. 어디를 가나 세계화가 대세라는 소리가 들립니다.《뉴욕타임스》에서 토머스 프리드먼은 세계화를 멈출 방법이 있다고 주장하는 사람들을 비웃었습니다.

프리드먼은 세계화에는 이제 매파도 없고 비둘기파도 없다고 주장합니다. 이 주장에 따르면, 이데올로기 시스템에 새로운 이분법이 생겼습니다. 즉 세계화를 가속화시키려는 통합론자와 세계화의 속도를 늦추거나 조절하려는 반통합론자입니다. 그런데 두 집단은 안전망이 필요하다고 생각하는 사람들과 고유한 안전망을 포기해야만 한다고 주장하는 사람들로 다시 나눠집니다. 결국 네 부류가 있는 셈입니다.

프리드먼은 사파티스타(멕시코의 반정부 투쟁 단체)를 반통합론에 친안전망 입장을 띤 대표적인 예, 그리고 로스 페로를 반통합론에 반안전망 입장을 띤 대표적인 예로 거론했습니다. 그리고 이 두 부류를 미치광이로 일축했습니다. 그럼 "양식 있는" 입장은 둘만 남습니다. 클린턴(통합론의 친안전망 입장)과 깅리치(통합론의 반안전망 입장)입니다.

깅리치의 입장을 통해서 프리드먼의 분석을 검증해볼까요? 깅리치가 자유 시장의 극대화를 주장하며 안전망을 포기해야 한다는 입장의 대표라고 해봅시다. 그럼 레이건 정부가 1930년대 이후로 가장 강력한 보호무역 정책을 시행했을 때 깅리치가 반대했던가요? 그의 돈줄인 록히드가 마틴마리에타와 합병하려고 막대한 공공보조금을 받았을 때 반대했던가요? 미국의 자동차, 철강, 반도체가 재건할 기회를 도모할 수 있도록 일본의 공세에서 미국 시장을 보호하려 했을 때 깅리치가 반대했던가요?

이 질문의 답이 보여주듯이 깅리치는 결코 통합론자가 아닙니다. 그의 돈줄인 사람들에게 유리하기 때문에 깅리치는 세계화를 주장하는 것입니다.

안전망은 어떻게 설명하겠냐고요? 그가 복지 제도에 의존하는 것을 반대한다면, 연방 보조금을 그의 선거구민에게 제공하는 것도 당연히 반대하는 것이 순리입니다. 그런데 실상은 선혀 다릅니다. 깅리치는 연방 보조금을 자신의 선거구로 끌어가는 데 선수입니다.

결국 프리드먼의 분석은 신화에 불과합니다. 정말 그럴듯하게 이야기를 꾸몄다는 것 외에는 그의 분석에 관심을 가질 이유가 없습니다. 세계화가 자연의 법칙이라는 그의 주장도 마찬가지입니다.

무엇보다 무역과 투자 흐름과 같은 전반적인 척도를 기준으로 할 때, 세계화는 금세기의 그 초창기 때로 되돌아가는 듯합니다. 이런 분석은 이미 잘 알려진 것으로 주류에서도 지적하는 현상입니다.

게다가 새로운 요인들도 있습니다. 자본의 흐름이 극단적으로 빠르고 규모도 어마어마합니다. 공공자금으로 개발한 기술인 텔레커뮤니케이션을 민간 기업에 선물인 듯 양도한 것과 브레턴우즈협정을 와해시킨 닉슨 행정부의 결정 때문입니다. 하지만 둘 모두 필연적인 것은 아니었습니다.

그러나 거대 기업들이 자국 정부에 크게 의존하고 있다는 사실을 명심해야 합니다. 《포춘》이 선정한 100대 기업 모두가 자국 정부의 산업 개입 정책에서 혜택을 누렸습니다. 또한 공공자금으로 긴급구제를 받지 않았다면 20개 이상의 기업이 지금까지 살아남지도 못했을 것입니다.

국제금융거래에서 약 3분의 2가 유럽과 미국과 일본 간에 혹은 각 국의 내부에서 일어납니다. 이 나라들에서는 의회 제도가 그런대로 운영되고 있습니다. 또한 쿠데타의 위험도 전혀 없습니다. 즉, 제도를 근본적으로 뜯어고치지 않더라도 우리를 세계화 경제로 몰아가는 어마어마한 힘을 조절하고 교정하며 심지어 없앨 수 있다는 뜻입니다.

제3세계 부채의 비밀

— 전 세계, 특히 미국에서는 많은 노동자가 자신의 이익에 반하는 투표 행태를 보입니다. 그럴 수밖에 없다고 생각하면서도요……

— 사실인지 모르겠습니다. 하여간 미국에서는 주요 정당들이 노동자의 이익을 대변하지 않는 것은 사실입니다. 하지만 노동자의 이익을 대변하는 후보자가 있고, 미국 노동자가 그를 신뢰한다고 가정해보십시오. 또한 노

동자가 원하는 것을 후보자가 실현시키려 애쓸 것이라고 확신한다고 해봅시다. 그럼에도 불구하고 그 후보자에게 표를 던지지 않는 타당한 이유가 있을 수 있습니다.

중앙아메리카의 빈민들이 자신들의 이익을 위해 투표한다면, 세계 최강국의 지원을 받은 세력의 조직적인 테러를 당할 것입니다. 게다가 지역적 차원에서는 상류계급이 이들에 대한 감시의 끈을 놓지 않습니다. 많은 나라가 구조적인 취약으로 인해 미국의 힘 앞에서 내부 문제조차 해결할 수 없습니다. 부자들을 견제하거나 통제할 수도 없습니다. 부자들은 사회적 의무조차 소홀히 합니다. 세금도 내지 않고 재산을 해외로 빼돌립니다.

이런 문제들이 해결되지 않는 탓에 가난한 사람들이 부자들의 폭력에 시달리느니 차라리 독재자에게 표를 던지는 것입니다. 부자들은 테러와 고문을 일삼고 국부를 해외로 빼돌리는 매국 행위도 서슴지 않습니다.

— 자본 유출이 그렇게 심각한 지경인가요?

— 미국에서는 그렇게 심각한 문제는 아닙니다. 하지만 미국에서도 정부 계획을 좌지우지할 수 있는 정도입니다. 1993년 클린턴의 예가 대표적입니다. 하지만 리오그란데 강의 남안에 있는 나라들을 보십시오. 브라질을 예로 들어볼까요?

제3세계 국가에서 흔히 볼 수 있는 현상이 브라질에서도 확인됩니다. 브라질의 장성들과 그들의 친구들, 그리고 거부들이 결탁해 엄청난 돈을 빌린 후 그 돈의 대부분을 해외로 빼돌렸습니다. 그 빚을 갚아야 하는 부담 때문에 브라질은 내부 문제를 해결할 엄두조차 내지 못하는 실정입니다.

국제금융거래에서 약 3분의 2가
유럽과 미국과 일본 간에 혹은 각국의 내부에서 일어납니다.
이 나라들에서는 의회 제도가 그런대로 운영되고 있습니다.
또한 쿠데타의 위험도 전혀 없습니다.
즉, 제도를 근본적으로 뜯어고치지 않더라도 우리를 세계화
경제로 몰아가는 어마어마한 힘을 조절하고 교정하며
심지어 없앨 수 있다는 뜻입니다.

즉, 부채로 인해 사회비용을 지출하지 못하고 견실하고 지속가능한 발전이 방해받습니다.

하지만 내가 빌린 돈을 스위스 은행에 감추어두고 채권자들에게 돈을 갚지 않는다면, 그 문제가 당신 잘못입니까, 내 잘못입니까? 빈민가 사람들이 그 돈을 빌린 것이 아닙니다. 토지가 없는 농민들이 빌린 것도 아닙니다. 그 돈은 '달나라 사람'이 빌린 것이 아닙니다. 브라질 국민의 90퍼센트가 그 돈을 만져보지도 못했습니다.

빚으로 인한 모라토리엄^{moratorium}에 대한 논의가 쟁점이 아닙니다. 브라질의 부자들이 통제권 밖에 있지 않다면 브라질은 그 빚을 지지도 않았을 것입니다. 돈을 빌린 자들에게 돈을 갚게 해야 합니다. 결자해지^{結者解之}의 차원에서, 바로 그들이 해결해야 할 문제입니다.

나는 브라질의 이런 문제들을 전반적으로 제기한 바가 있습니다. 가난한 사람들과도 이야기를 나누었고, 전국 주교 회의에서도 강연을 했으며, 이른바 엘리트라는 텔레비전 기자들과 고위 공직자들과도 많은 이야기를 나누었습니다. 그들은 내 분석을 그리 놀랍게 생각하지 않더군요. 그런데 미국의 엘리트 세계에서는 이런 기본 문제들이 진지하게 다루어지지 않습니다. 제1세계 밖으로 발을 내딛는 순간, 우리가 너무나 근시안적으로 살고 있다는 사실을 깨닫게 될 것입니다. 한마디로 우리는 고도로 세뇌된 사회에 살고 있습니다.

이런 족쇄에서 벗어나기란 쉽지 않습니다. 부와 권력을 쥐는 순간 우리는 두 눈과 두 귀를 막고 독선적으로 되기 쉽습니다. 다른 것은 고려할 필요조차 없다고 생각하게 됩니다. 제3세계의 부자들과 권력자들도 우리보다는 훨씬 열린 정신과 마음을 갖고 있습니다.

— 그럼, 엄청난 대외부채에도 불구하고 동아시아의 개발도상국가들이 견실하게 발전한 이유는 무엇일까요?

— 일본, 한국, 대만은 노동과 가난한 사람만이 아니라 자본과 부자도 잘 관리했습니다. 즉, 대외부채를 국내 투자로 돌렸습니다. 그런 빚을 해외로 빼돌리지 않았습니다.

일본은 경제가 완전히 재건될 때까지 자본수출을 허용하지 않았습니다. 한국도 마찬가지였습니다. 최근 들어 미국의 압력에, 자본수출과 민간 기업의 차입을 억제하던 규제를 어쩔 수 없이 풀기 전까지 자본의 자유로운 유통을 법으로 금지했습니다. 한국이 1997년 유동성 위기를 맞은 근본적인 원인이 바로 이 강요된 자유화였다는 것은 거의 모두가 인정하는 사실입니다.

라틴아메리카는 세계에서 가장 불평등한 소득 구조를 갖고 있지만 동아시아는 소득 불균형의 정도가 가장 개선된 지역입니다. 라틴아메리카의 대표적인 수입품은 부자들을 위한 사치품이지만, 동아시아의 대표적인 수입품은 주로 자본 투자와 기술이전에 관련된 것들입니다. 브라질과 아르헨티나는 부유한 강대국으로 성장할 수 있는 잠재력을 지니고 있지만, 부자들을 어떤 식으로든 통제하지 못한다면 앞으로도 고난의 수렁에서 빠져나오지 못할 것입니다.

물론 이 나라들을 일반화시켜 말할 수는 없습니다. 각 나라마다 다양한 집단이 있습니다. 일부 집단에게는 현재의 상황이 바람직하게 보일 것입니다. 예컨대 인도에는 영국을 고맙게 생각하는 사람들이 있습니다. 영국과 결탁해서 축재한 사람들입니다. 당연히 영국을 좋아할 수밖에요.

이 세상에서 가장 가난한 나라에 살면서도 온갖 특혜를 누리면서 지낼 수는 있습니다. 예컨대, 이집트에 가보십시오. 멋진 공항에서 리무진을 타고 나일 강변을 따라 특급 호텔까지 가고, 최고급 식당만을 이용한다면 카이로에 가난한 사람이 있다는 사실을 인식조차 못할 겁니다.

물론 리무진을 타고 이동하면서 창밖을 내다볼 수는 있겠죠. 하지만 가난한 사람을 대로변에서 보기란 쉽지 않습니다. 뉴욕에서도 마찬가지입니다. 이렇게, 두 블록 정도 떨어진 곳에 굶주린 어린이들이 있고 길거리에서 생활하는 노숙자들이 있다는 사실을 간과하고 있습니다.

멕시코와 쿠바 그리고 과테말라

— 《하나의 세계, 준비되었나*One World, Ready or Not*》에서, 윌리엄 그라이더는 멕시코의 처참한 경제 상황을 실감나게 전해주었습니다. 그의 판단에 따르면 멕시코는 정치적으로나 사회적으로 폭발 직전입니다.

— 맞습니다. 1980년대에 들면서 임금이 계속 떨어졌습니다. 물론 무엇을 기준으로 삼느냐에 따라 달라지지만 거의 절반으로 떨어졌습니다. 그 전에도 높지 않았던 임금이 말입니다. 기아 인구가 늘어났지만 억만장자도 늘어났습니다. 이들 대부분이 공공자금을 만지는 정치 지도자들의 친구입니다. 마침내 1994년 12월, 경제가 붕괴되자 멕시코는 역사상 최악의 불경기에 빠져들었고, 보잘 것 없던 임금마저 급격히 깎이고 말았습니다.

경제 붕괴 후 멕시코 일간지의 한 기자가 내게 전화를 걸어 인터뷰를 요청했습니다. 평소에도 알고 지내던 기자였습니다. 그는 나에게 두 달 전에 했던 인터뷰를 상기시키며, 멕시코 경제가 조만간 산산조각날 것이라고 내가 그 당시 경고했다고 하더군요.

나는 멕시코나 경제에 대해 많이 알지 못합니다. 하지만 멕시코의 경제 붕괴는 자명한 결과였습니다. 초단기 투기 자금이 쏟아져 들어갔습니다. 투기 거품은 말 그대로 거품이었을 뿐입니다. 경제가 눈에 띄게 나빠졌습니다. 모두가 이 사실을 알았습니다. 국제금융기관의 경제학자들도 이런 사실을 알았지만, 멕시코의 경제 붕괴를 촉발한 원인 제공자로 낙인찍히고 싶지 않아 침묵으로 일관했습니다.

멕시코는 충실한 학생이었습니다. IBRD(국제부흥개발은행)와 IMF(국제통화기금)의 처방을 거의 종교 교리처럼 따랐습니다. 그리고 경제 기적을 이루었다는 평가를 받았습니다. 하지만 그 기적은 부자들을 위한 기적이었습니다. 멕시코 국민 대부분에게는 철저한 재앙이었습니다.

— 사파티스타에서 최근에 들은 소식이 있습니까?

— 2년 전부터 협상이 진척되지 않습니다. 하지만 내 생각에는 정부 전략인 듯합니다. 협상을 질질 끌면서 어떤 결론도 내리지 않겠다는 것입니다. 사파티스타가 국제적 관심을 잃고 국민이 넌더리를 낼 때까지 기다렸다가 정부는 무력을 동원해서 사파티스타를 깨끗이 쓸어버리려 할 것입니다. 내나름대로 생각해본 결론입니다.

정부가 사파티스타를 즉시 괴멸시키지 않은 이유는 멕시코 전역뿐 아니라 세계적으로 대단한 지지를 받기 때문입니다. 어쨌든 사파티스타는 오랫

동안 끈질기게 투쟁하고 있다는 사실만으로도 칭찬받아 마땅합니다.

하지만 현 상태에서는, 내가 보기에 그들은 승리를 위한 어떤 전략도 없는 듯합니다. 그렇다고 내가 그들을 비난하는 것은 아닙니다. 그럴 생각도 없습니다. 다만 국제적인 지원이 실질적으로 이루어지지 않는다면 그들의 입장이 앞으로도 계속 유지될 수 있을런지 염려됩니다.

— 쿠바에서는 어떤 일이 벌어지고 있나요? 데이비드 록펠러(체이스맨해튼은행의 전 회장인 존 D. 록펠러의 손자)가 1995년 10월에 뉴욕에서 피델 카스트로를 위해 파티를 열었을 때 많은 사람이 당혹스러워했는데요…….

— 쿠바는 미국 경제에 크게 중요하지 않습니다. 쿠바가 이 땅에서 사라지더라도 그 파급효과는 미미할 것입니다. 하지만 전통적으로 미국시장이었던 쿠바에 경쟁자들이 진입할 수도 있다는 생각이 데이비드 록펠러와 그의 친구에게는 달갑게 여겨지지 않았던 것입니다. 다른 나라의 투자자가 미국의 경제봉쇄를 무시한다면 미국의 기업도 경제봉쇄를 풀어달라고 요구할 것입니다.

베트남의 경우도 똑같았습니다. 베트남이 미국의 힘에 철저히 순응하지 않았기 때문에 미국 기업들은 이런저런 이유를 그럴듯하게 만들어 베트남을 고립시켰습니다. 하지만 1980년대 중반에 들면서 일본을 비롯한 여러 나라가 미국의 경제봉쇄를 무시하고, 교육열이 높고 인건비가 낮은 베트남에 진입하자 모든 것이 달라졌습니다.

— 과테말라에서 제니퍼 하베리 사건(CIA에 의해 제니퍼 하베리의 남편인 과테말

라 게릴라 대장 바마카가 암살당한 사건)을 조사하셨지요?

— 나는 그녀의 책 《용기의 가교 *Bridge of Courage*》에 서문을 써준 인연이 있습니다. 무척 용기 있는 여인으로 지금도 투쟁하고 있습니다. 다이애나 오티스 수녀에 버금갑니다. 모두 대단히 용기 있는 여인들이죠.

— 1996년 12월에 체결된 과테말라 평화조약으로 30년간 계속된 유혈극이 끝날 것이라 예상하십니까?

— 일단 평화조약이 체결되어 기쁩니다. 그것만으로도 일보 전진이니까요. 하지만 이번 평화조약은 과테말라 역사상 최초의 민주 정부를 전복시키기 위해, 미국이 끼어든 1954년부터 시작된 지루한 국가 테러 공작의 추악한 산물입니다.

이번 평화조약으로 피비린내 나는 유혈극이 종식되길 바랍니다. 국가 테러는 과테말라 국민을 공포로 몰아넣었고, 진짜 야당의 씨를 말려버렸습니다. 우익 기업의 이익을 반영하는 정부가 많은 국민에게 환영받고 심지어 바람직한 것이라는 환상까지 만들어냈습니다.

브라질과 아르헨티나 그리고 칠레

— 브라질과 아르헨티나, 그리고 칠레의 언론과 선생님은 어떤 관계를 맺고 계십니까?

― 나는 매스미디어와 많은 관계를 맺고 있습니다. 미국을 제외한 거의 모든 나라의 언론들과 관계를 맺고 있습니다.

― 국영 텔레비전이나 라디오도 그 관계에 포함되나요?

― 상업 방송국까지도 포함됩니다. 미국에 비해 다른 나라의 매스미디어가 훨씬 개방적입니다.

― 독립 언론에 대해선 어떻게 생각하십니까?

― 상파울루에는 좌파 독립 신문이 발행되고 있습니다. 포르투갈어로 쓰였기 때문에 나는 개략적인 내용만을 파악할 수 있었지만, 전체적으로 아주 흥미로워 보였습니다. 디자인이나 인쇄도 훌륭했고, 《하퍼스*Harper's*》나 《애틀랜틱*The Atlantic*》만큼이나 전문적인 기사를 다뤘습니다. 미국에 이런 일간지가 있는지 의문입니다.

　민중의 노력도 대단했습니다. 리우데자네이루 근교에 있는 가장 큰 마을 중 하나로 노동자, 빈민, 실업자, 소작농 등 수백만 명이 뒤섞여 살고 있는 노바이구아수에서 우리 부부는 저녁을 보낸 적이 있습니다. 미국과 달리 라틴아메리카에서는 부자들이 도심에 살고 가난한 사람들은 교외에서 삽니다. 우리는 노바이구아수에는 얼씬도 말라는 충고를 들었지만, 위험하다는 소문과 달리 그곳 사람들은 무척이나 친절했습니다.

　우리 부부는 한 NGO(비정부기구) 단체 사람들과 함께 그곳을 찾았습니다. 이 단체는 상업 텔레비전이 파괴한 정신을 되살리기 위한 대안을 사람들에게 알리려는 비정부기구로, 진보적인 예술가, 전문가, 지식인으로 이루어졌습니다. 이들은 대형 화면을 설치한 트럭을 몰고 가난한 마을을 찾아가, 그 실상을 다룬 다큐멘터리를 그곳 주민들에게 보여주려 했습니다.

이들은 공공장소에서 다큐멘터리를 상영할 방법을 공동체의 지도자들과 오랫동안 상의했습니다. 나는 다큐멘터리를 직접 보지는 못했지만 틀림없이 잘 만들어졌을 것이라고 확신합니다. 그러나 주민들을 모아 다큐멘터리를 상영했지만 이들은 철저히 외면당하고 말았습니다. 주민들이 찾아와서는 잠시 영상을 보다가는 금세 뒤돌아서는 것이었습니다.

NGO 사람들은 그 원인을 찾다가 아주 흥미로운 사실을 알게 되었습니다. 공동체 지도자들은 지적인 단어와 마르크스적 수사법을 현란하게 구사한다는 사실이었습니다. 함께 사는 주민들과는 다른 어법이었습니다. 요컨대 공동체 구성원과는 다른 식으로 말하고 다른 식으로 행동함으로써 그들이 지도자로 대접받았던 것입니다.

하여간 그날 NGO 사람들은 힘없이 발걸음을 돌렸습니다. 그 후 이들은 공동체 지도자들을 만나지 않았습니다. 대신, 대본을 쓰고 영화를 만드는데 관심이 있는 젊은이들을 만나려 애썼습니다. 대부분 열여섯 살 안팎의 청소년들이었습니다. 물론 쉬운 일은 아니었지만 효과는 있었습니다.

2년 후, 우리가 그곳을 다시 방문했을 때에는 트럭에 대형 화면만 싣고 갔습니다. 공동체 주민들이 대본을 직접 쓰고 만든 영화를 상영했습니다. 대부분이 젊은이였지만 아닌 사람도 있었습니다. 주민들은 도시의 전문가들에게 기술적 조언을 얻었을 뿐 영화 제작의 모든 것을 직접 해결했습니다.

나지막한 울타리가 쳐진 광장에 대형 화면이 설치되자, 많은 주민들이 그곳에 모였습니다. 어린이와 노인도 있었고 피부도 가지각색이었습니다.

저녁 9시는 상업 텔레비전의 황금 시간대였지만 그곳에 모인 주민들은 영화에서 눈을 떼지 않았습니다.

대사가 포르투갈어여서 나는 내용을 개략적으로만 이해할 수 있었습니다. 어릿광대가 출연해 이야기를 재밌게 끌어가려는 노력이 엿보이는, 아주 진지한 문제를 다룬 영화라는 것을 짐작할 수 있었습니다. 또한 원칙적으로 브라질에는 인종차별이 없는 것으로 알려졌습니다만, 인종차별을 빗댄 풍자극도 상영되었습니다.

한 흑인이 어떤 회사를 찾아가 일자리를 구했습니다. 다음 번에는 백인이 그랬습니다. 물론 두 사람은 완전히 다른 대우를 받았습니다. 광장에 모인 모두가 깔깔대고 웃었고 저마다 한마디씩 했습니다. 에이즈와 대외 부채를 짤막하게 다룬 다큐멘터리도 있었습니다.

영화가 끝나자마자, 열일곱 살쯤 되어 보이는 여배우가 마이크를 들고 사람들 사이를 돌아다니며 방금 보았던 영화에 대한 생각을 물었습니다. 그들의 논평과 비판을 필름에 그대로 담아내며 더 적극적인 반응을 끌어냈습니다.

아주 인상적인 장면이었습니다. 내가 지금껏 본 적이 없는 새로운 형태의 미디어, 즉 공동체에 기반을 둔 미디어였습니다. 어떻게 표현해야 할지 모를 정도로 지독히 가난한 동네였습니다. 그러나 그곳에서 나는 책에서는 결코 읽을 수 없는 감동을 느꼈습니다.

나는 부에노스아이레스에서도 비슷한 경험을 했습니다. 대학 친구들이 우리 부부를 판자촌으로 데려갔습니다. 그 친구들이 사회운동가로 일하고 있는 곳이었습니다. 아주 부유한 도시에 자리 잡은 아주 가난한 동네였습니다. 그곳 주민들은 대부분 구아라니족, 즉 파라과이에서 그곳으로 이주

해온 원주민이었습니다.

학교 시설은 엉망이었고, 조금이라도 문제를 일으키는 학생은 가차없이 쫓겨났습니다. 대다수의 아이가 학교를 졸업하지 못합니다. 그래서 몇몇 어머니가 모여 문화센터라는 것을 만들었습니다. 그곳에서 어머니들은 아이들에게 읽기와 산수, 기본적인 기술과 수공예를 가르치며 아이들을 마약단으로부터 지키려고 애썼습니다. 여자들이 조직을 끌어가는 공동체의 전형적인 모습입니다.

어쨌든 어머니들은 버려진 조그만 콘크리트 건물을 어렵사리 구했고 그곳에 지붕을 씌웠습니다. 크기가 이 사무실 정도밖에 되지 않는 형편없는 건물이었습니다. 설비도 보잘 것 없어서 연필 한 자루도 이들에겐 소중한 선물입니다.

어머니들은 신문도 발행합니다. 판자촌 사람들이 만든 신문으로 그 동네에 관련된 정보로 가득합니다. 동네에 어떤 일이 벌어지고, 문제가 무엇인지 진지하게 진단하는 신문입니다.

일부 여성은 그곳에서 배워서, 간호직 같은 전문 분야에서 학사 학위를 곧 받을 예정이라 하더군요. 하지만 그녀들은 이구동성으로 말합니다. 아무리 많은 학위를 받아도 절대 판자촌을 떠나지 않겠다고! 사실 그녀들은 면접할 기회를 얻어도 거의 합격할 가능성이 없습니다. 면접에 입고 나갈 변변한 옷조차 없기 때문입니다.

교육을 받은 그 어머니들은 아이들을 절망의 수렁에서 구해내려고 열심히 노력합니다. 내 대학 친구들 같은 외부인에게 약간의 지원을 받습니다. 교회에서도 도움을 줍니다. 물론 지역 신부에 따라 교회의 지원이 동네마다 약간 차이가 있습니다.

― 정부에서는 아무런 도움도 주지 않나요?

― 아르헨티나 정부는 신자유주의^{neoliberalism} 열풍에 휩싸여, IBRD나 IMF와 같은 국제금융기구의 명령을 충실히 따르고 있습니다. 신자유주의는 기본적으로 제국주의 정책과 다를 바가 없습니다. 즉 타인에게는 자유 시장을 강요하고 자신은 철저히 보호받겠다는 것입니다. 요컨대 부자들은 온갖 혜택을 누리면서, 가난한 사람들에게만 자유 시장 논리를 강요하는 것이 바로 신자유주의입니다.

따라서 아르헨티나는 '작은 정부'를 지향합니다. 이 때문에 공공 지출을 대폭 삭감하고 있습니다. 미국 정부가 그렇게 하고 있지 않습니까! 정부가 작아지면 다른 것이 커지게 마련입니다. 그렇다고 국민의 힘이 커지는 것이 아닙니다. 커지는 것은 민간 기업의 힘입니다. 국내 기업이나 외국 기업이나 모두 막강한 힘을 누립니다.

부에노스아이레스에서 나는 무정부주의 운동 단체를 만난 적이 있습니다. 브라질 북동쪽 끝에서도 무정부주의 운동을 펼치는 여러 단체를 만나 보았습니다. 존재조차 알려지지 않은 단체들이었습니다. 나는 그들과 많은 대화를 나누었습니다. 그들은 정부를 이용해야 한다는 것에는 동의했지만, 정부가 철저하게 불합리한 기관이라 여겼습니다.

그 이유는 자명합니다. 국민이 제한적이나마 참여할 수 있는 제도적 기관, 즉 정부를 없애면 그 힘은 무책임한 민간 기업에 넘어갈 수밖에 없습니다. 그렇게 된다면 최악의 상황이 벌어질 것입니다. 따라서 궁극적으로는 정부가 없어져야 한다고 생각하지만 현실적으로는 정부를 이용할 수밖에 없는 것입니다.

브라질의 농민들이 내건 슬로건 중에 아주 흥미로운 것이 있습니다. 그들은 당장에 실천해야 할 화급한 과제가 "새장의 바닥을 넓히는 것"이라 주장합니다. 그들은 새장에 갇힌 현실을 인정하지만, 외부의 사악한 포식자들에게 공격받을 수 있기 때문에 새장을 보호해야 한다고 주장합니다. 또한 새장을 열기 전에 새장의 크기를 가능한 범위까지 확장하는 것이 우선이라고 주장합니다. 그들의 경쟁력이 취약하기 이를 데 없는 상태에서 새장을 열기 위해 직접 공격한다면 자멸이란 자충수가 될 수 있다는 지혜로운 슬로건입니다.

두 가지 생각을 동시에 할 수 있다면 누구나 쉽게 이해할 수 있는 슬로건입니다. 하지만 미국의 일부 지도자들은 독선적인 생각에 사로잡혀 이렇게 유연하게 생각하지 못합니다. 좌파 지식인들조차 사태의 복잡성을 기꺼이 이해하고 포용하지 않는다면, 고통을 참고 견디면서 우리의 도움을 필요로 하는 사람들, 넓게 생각하면 우리 자신에게도 아무런 도움이 되지 못할 것입니다.

브라질과 아르헨티나에서 당신은 고위 정치 지도자, 엘리트 언론인, 지식인 등과 이런 쟁점을 두고 자유롭게 토론을 벌일 수 있습니다. 그들이 당신 의견에 전적으로 동의하지 않을 수도 있겠지만, 적어도 당신이 주장하는 바를 이해하는 모습은 보여줄 것입니다.

— 브라질에는 소작농 조직이 있는 것으로 알고 있는데요…….

— 브라질은 농업 문제로 몸살을 앓고 있습니다. 토지가 소수의 지주에게 집중되어 있습니다. 믿기지 않을 정도로 불평등한 구조입니다. 또한 엄청

난 양의 토지가 활용되지 못한 채 인플레이션을 막는다는 이유로 혹은 투자 목적으로 방치되고 있습니다.

대규모 농민 조직인 '소작농운동조합Landless Workers' Movement'이 상당한 토지를 인수받았습니다. 이 조직은 대부분이 땅에서 쫓겨난 파벨라스의 빈민들과 밀접한 관계를 맺고 있습니다.

브라질의 군부는 폭력적인 것으로 유명합니다. 1964년의 쿠데타 이후로 더욱 난폭해진 듯합니다. 살인과 폭행이 끊이지 않습니다. 북부 지역에서 약간의 토지를 인수받은 20여 명의 농부를 무참히 살해한 놀라운 사건도 있었습니다. 내가 브라질에 머무는 동안 이런 살인 사건을 다루는 비공식 재판이 열렸는데, 공식적인 사법 체계로는 이런 범죄에 어떤 죄값도 물을 수 없었기 때문입니다.

— 노동자당Workers' Party 사람들도 만나보았습니까?

— 아주 흥미로운 정당이었습니다. 브라질의 노동자당은 아마 노동자에 기반을 둔 세계 최대 정당일 것입니다. 문제가 없는 것은 아니지만, 혁신적인 민주주의와 사회주의를 표방하는 아주 인상적인 정당입니다. 국민의 지지도 높고 잠재 지지 세력도 만만찮습니다. 게다가 중요하고 역동적인 사업을 많이 펼치고 있습니다.

룰라(노동자당의 창설자이자 지도자로 2003년부터 2010년까지 브라질 대통령을 지냈다)도 대단히 인상적이었습니다. 브라질 대통령 선거가 조금이나마 공정했더라면 그가 당선되었을 것입니다. 표를 도둑맞았다기보다는 언론들이 노골적으로 상대 후보의 편에 선 까닭에 공정한 선거를 치를 수 없었습니다.

　노동자들이 대거 농민 조직에 참여하고 있지만 이런 현상은 좀처럼 보도되지 않습니다. 소작농과 파벨라스의 빈민들 사이에도 적잖은 공조가 있습니다. 둘 모두 노동자당과 어떤 형태로든 관계를 맺고 있지만, 내가 만나본 사람들 중 누구도 그 방법에 대해서는 정확히 말해주지 못했습니다. 어쨌든 대부분의 소작농이 노동자당을 지지하고 노동자당에 투표한다는 사실에는 이견이 없었습니다. 하지만 소작농 조직과 노동자당은 별개 조직입니다.

— 칠레에서는 어떤 인상을 받으셨습니까?

— 칠레에서는 오랫동안 머물지 않아 특별히 언급할 만한 인상을 받지 못했습니다. 하지만 군부가 지배하는 나라인 것은 분명했습니다. 우리는 칠레를 민주국가라고 부르지만, 군부 정권은 최소한의 자유만을 보장하고 있을 뿐입니다. 칠레 국민의 태도에서 이 사실을 분명히 읽어낼 수 있습니다. 국민들은 결코 넘어서는 안 될 한계가 있다는 사실을 잘 알고 있습니다. 많은 사람을 개인적으로 만나보면 알겠지만 모두가 그렇게 말하고 있습니다.

서남아시아, 부침하는 평화 과정

— 1980년경, 에크발 아마드(파키스탄 출신의 학자이자 사회운동가, 햄프셔 대학 교수)와 에드워드 사이드(팔레스타인 출신의 사회운동가, 컬럼비아 대학 교수)가 PLO(팔레스타인해방기구)의 고위 관리들과 만났습니다. 그때 선생님은 이 모

임에 상당한 의미를 둔다고 말씀하셨는데요.

— 의미 있는 모임이었지만 놀라운 성과를 보여주지는 못했습니다. 내가 몇 년 전 좌파 언론에 발표해서 뜨거운 논란을 불러일으켰던 PLO에 대한 비판적 관점들을 재확인하는 데 그쳤습니다. 어쨌든 그 모임의 목적은 뉴욕을 방문한 PLO 지도층에게, 팔레스타인 사람들에게는 동정적이지만 PLO에는 비판적인 사람들의 생각을 전달하기 위한 것이었습니다.

PLO 지도층은 그 모임에 별다른 관심을 보이지 않았습니다. 내가 어떤 형태로든 관계를 맺고 있는 제3세계 조직 가운데 PLO는 미국에서 일종의 연대 의식을 구축하거나 그 목적에 대한 공감을 끌어내기 위해 아무런 노력도 하지 않는 유일한 조직입니다.

이스라엘을 비난하는 글을 퍼트리는 것은 고사하고 발표하는 것도 극히 어려운 시절이 있었습니다. 그러나 PLO가 그런 책을 사서 도서관에 보냈더라면 쉽게 도움을 얻을 수 있었을 것입니다. 하지만 그들은 가끔 마지못해 그렇게 할 뿐이었습니다. 그들에게는 엄청난 자금이 있었습니다. 쿠웨이트와 헝가리 사이의 큰 거래를 중계해서 큰 돈을 벌어들였으니까요. 하지만 PLO는 구역질이 날 정도로 부패한 조직이었습니다.

그들은 총을 흔들어대는 뜨거운 혁명가로 줄곧 자처해왔습니다 … 그 때문에 모두가 등을 돌리고 말았습니다. 하지만 그들이 본래의 모습, 즉 돈을 벌고 그들의 손으로 지도자를 선출하고 싶어 하는 보수적인 민족주의자로 자처했더라면 팔레스타인 국가에 대한 미국의 지원을 열 배 이상 끌어낼 수 있었을 것입니다.

아마 그들은 정치를 일반 국민이 생각하고 원하는 것의 실현이 아니라 권력자들이 골방에서 거래하는 것쯤으로 생각하는 모양입니다. 말이 난 김에 덧붙이자면, 그로부터 몇 년 후 점령지역^{Occupied Territoiries}을 방문했을 때 나는 그곳의 행동주의자들과 지도자들이 PLO를 훨씬 매몰차게 비난하는 소리를 들었습니다.

— 선생님의 말씀대로 이스라엘이 서남아시아를 순찰하는 지역 경찰이라면 미국이 이스라엘을 걸프전쟁^{Gulf War}에 참여시키지 않은 이유가 무엇일까요?

— 이스라엘이 걸프전쟁에 직접 개입하게 되면 미국이 그 지역의 주요 원유 생산국을 소극적이나마 지원하는 것이 불가능하기 때문입니다. 워싱턴이 우려하는 부분이기도 합니다. 또한 힘없는 제3세계 국가 하나와 싸우는데 이스라엘의 지원까지는 필요하지 않았습니다. 전쟁이 끝난 후, 미국은 그 지역의 지배권을 완전히 회복했으며, 모두에게 "우리 의도대로 진행되고 있다"라고 자신만만하게 말했습니다.

— 에크발 아마드는 이스라엘의 장기적 미래에 대해 약간 비관적입니다. 그의 주장에 따르면, 아랍 국가들의 상대적 약세가 머지않아 달라질 것이라고 합니다.

— 장기적 미래에 대해 미리 점쳐보는 것이 큰 의미가 있다고 생각하지는 않습니다. 미국이 아시아의 신생 강국들에 포위당해 자기 입장을 견지할 수 없는 미래도 상상해볼 수 있겠지만, 외부세력으로서 서남아시아에 대한 지배력은 더 이상 요구할 수 없을 만큼 유지할 수 있으리란 상상도 가능합니다.

이스라엘은 서남아시아에서 군사적으로나 기술적으로, 산업에서나 금융에서나 미국의 중요한 전초기지입니다. 앞으로도 두 세대는 너끈히 쓸 수 있을 만큼 엄청나게 매장된 원유가 소수의 왕족과 야만적인 독재자의 손에 쥐어져 있습니다. 게다가 이들은 미국의 힘에 의존해 정권을 유지하고 있어, 미국의 이익을 반영할 수밖에 없습니다.

장기적으로 볼 때 이런 체제는 붕괴될 가능성이 큽니다. 하지만 200년 후를 예상할 때 미국이 그때에도 서남아시아의 원유에 연연할까요? 정책 입안이 어떤 의미를 갖는 시간은 그렇게 장기적이지 못합니다. 이런 시간의 틀 안에서 미국의 정책 입안자들이 꾸민 대로 사태가 전개됩니다. 어쨌든 먼 장래에 이스라엘이 더 이상 미국의 목적에 부합하는 존재가 아닐 때 이스라엘에 대한 미국의 지원도 당연히 중단될 것입니다.

— 선생님은 방금 말씀하신 관점을 옛날부터 줄곧 주장해왔습니다. 그 생각을 바꿀 만한 조짐이 보인다고는 생각하지 않으십니까?

— 천만에요. 오히려 내 생각이 옳았다는 증거만이 더욱 쌓일 뿐입니다. 예를 들어, 서안 지구ᵂᵉˢᵗ ᴮᵃⁿᵏ의 정착을 어느 정도까지 공개적으로 진행할 것인가를 두고 미국과 이스라엘 사이에 작은 의견 차이가 있었을 때 부시 대통령은 대중 앞에서 반유대주의적 발언을 서슴지 않았습니다. 결국 이스라엘의 압력단체가 양보했고, 미국은 원하는 것을 얻었습니다.

— 에드워드 사이드는 이렇게 말했습니다. "팔레스타인 지역의 위기는 하루가 다르게 심각해진다. 오늘은 이스라엘과 PLO 간의 회담에 '돌파구'가

마련되었다는 소식이 들리지만, 다음 날에는 회담이 교착 상태에 빠졌다는 소식이 들려온다. 다른 대안 없이 양측이 합의한 일정에 따라 모든 일이 진행된다고 하지만 그동안에도 이스라엘은 정착 지역에 건물을 계속해서 세우고, 팔레스타인인들이 그 지역을 떠나 예루살렘으로 이주하는 것을 막는 제재 조치를 취한다." 사이드가 오래전에 이렇게 말했습니다만, 마치 최근의 뉴스를 듣는 기분입니다.

─ 맞습니다. '평화 과정Peace process'을 규정하는 미국과 이스라엘의 원칙이 팔레스타인인들에게는 조금도 의미 있는 제안으로 여겨지지 않기 때문에, 평화 과정이 부침을 거듭하는 것입니다. 미국-이스라엘 정책의 기본 구조는 분명합니다. 엄격하게 말하면 그들은 원칙적으로 '거부주의자jectionist'입니다. 옛 팔레스타인 땅의 소유권을 주장하는 양측 중 한쪽의 권리를 부인하는 것입니다.

미국에서 '거부주의자'라는 용어는 인종차별적 의미로 쓰입니다. 즉 유대인의 권리를 부인하는 사람들에게만 적용됩니다. 여하튼 이 용어에서 인종차별적 의미를 배제한다면 미국은 거부주의 진영의 우두머리입니다.

부시-베이커 행정부가 이스라엘에 무척이나 적대적인 분위기를 띠었던 1989년 12월, 국무부는 베이커플랜Baker Plan을 들고 나왔습니다. 그리고 '대화'를 요구했습니다. 하지만 이스라엘과 미국의 마음에 드는 팔레스타인인들만이 참여할 수 있는 대화였습니다. 또한 논의의 주제는 이스라엘의 공식적인 제안인 샤미르-페레스플랜Shamir-Peres Plan의 이행에 국한되었습니다. 이 플랜은 대략 다음과 같이 요약됩니다.

- "추가적인 팔레스타인 국가"는 있을 수 없다(즉 요르단만을 인정하겠다는 뜻입니다).
- 이스라엘은 점령지역에 대한 실질적인 통제권을 원하는 만큼 행사할 수 있어야 한다(이스라엘의 요구가 지나치더라도 인정해야 한다는 뜻입니다).
- 점령지역에서의 자유선거는 이스라엘 군의 감독하에 이루어질 수 있다(하지만 교육받은 엘리트 계급의 대다수는 감옥에 갇혀 있지 않은가!).

반유대주의적 색채가 농후하다고 평가받았던 행정부가 내놓은 미국의 공식적인 정책이 이랬습니다(물론 미국에서는 이런 사실이 정확히 보도되지 않았습니다. 하지만 나는 그 당시에도 이런 글을 발표했습니다). 걸프전쟁이 끝난 후 미국은 전 세계의 양보를 끌어내며 이 목표를 달성할 수 있었습니다.

― 서안 지구와 가자 지구^{Gaza Strip}의 대부분을 지금도 이스라엘군이 점령하고 있지요?

― 1995년 9월, 오슬로 2차 협정으로 서안 지구의 약 70퍼센트가 이스라엘의 지배하에 들어갔습니다. 게다가 26퍼센트의 지역도 이스라엘의 실질적인 관할 아래 있습니다. 물론 이 협정으로 팔레스타인 도시 지역들은 팔레스타인 자치 정부^{Palestinian Authority}에 넘겨주었다지만, 팔레스타인 자치 정부는 이스라엘에 종속되었습니다. 비유해서 말하면, 뉴욕 경찰이 가장 위험한 빈민가의 순찰을 포기하고 지방정부에 그 일을 맡긴 꼴이나 같습니다. 그럼 힘센 사람이 모든 것을 차지할 수 있겠지요.

이스라엘은 자신들의 잠재적 욕구를 충족시키기 위한 충분한 땅을 차지할 방법이 많기 때문에 약간의 땅은 기꺼이 포기할 것이라고 나는 생각합니다. 이스라엘이 영리하다면 주민에 대한 책임을 포기하고 천연자원과 물과 이용 가능한 땅(서안 지구의 40퍼센트와 가자 지구 등)의 관리권을 확보했던 1968년의 앨론플랜Allon Plan과 같은 방법을 도입할 것입니다.

하지만 가자 지구는 계속 껴안고 있기엔 부담스런 지역이었습니다. 그래도 나는 이스라엘이 남쪽에 있는 구쉬 카티프 지역은 양보하지 않을 것으로 생각합니다. 이스라엘의 통제권에 있는 다른 지역과 합할 때 구쉬 카티프는 가자 지구의 30퍼센트를 차지합니다. 현재 그곳에는 2,000여 명의 유대인이 정착하여 대부분의 자원 특히 물을 사용합니다. 앞으로 이스라엘은 그곳에 관광호텔을 짓고 농산물을 재배해 수출할 것으로 예상됩니다.

이스라엘은 가자 시Gaza City를 차지하고 싶은 욕심은 없는 듯합니다. 그들은 그곳을 거의 팔레스타인 자치 정부에 떠넘기다시피 했습니다. 다른 도시 지역, 그리고 서안 지구와 가자 지구 여기저기에 흩어져 있는 100호 남짓한 마을들도 마찬가지였습니다. 하기사 그 마을들을 연결시키는 도로도 없는 실정이니까요.

물론 대규모 고속도로가 있기는 하지만, 그 고속도로는 이스라엘 정착민과 방문객을 위한 것입니다. 이 고속도로를 이용해 서안 지구를 여행해보면 알겠지만 고속도로를 이용하는 팔레스타인인들의 모습은 거의 눈에 띄지 않습니다. 고속도로에서 멀리 떨어진 한적한 마을의 사람들, 도로변에서 무엇인가를 파는 사람들이 팔레스타인인들입니다.

노먼 핀켈스타인이 지적했듯이, 이 지역은 남아프리카공화국의 반투스탄을 황량한 사막에서 다시 보는 듯한 기분입니다. 물론 이스라엘이 이 외딴 마을을 지원한 것보다 남아프리카공화국 정부가 반투스탄에 지원한 것이 훨씬 많다는 사실을 제외한다면 말입니다.

― 최근에 발표한 《세계 질서, 과거와 오늘*World Orders, Old and New*》의 에필로그에서 선생님은 이스라엘이 결국에는 팔레스타인에 일종의 '자치주*state*' 지위를 인정하게 될 것이라고 말했습니다.

― 이스라엘과 미국이 팔레스타인 지역에 '자치주'의 권한을 부여하지 않는다면 정말 멍청하다고 할 수밖에 없습니다. 어떤 나라도 반투스탄을 자치주라 부르지 않았지만 남아프리카공화국은 고집스레 반투스탄을 자치주라고 칭했던 것과 같은 논리로 생각하면 됩니다. 하지만 미국이 모든 규칙을 정하기 때문에, 새로운 팔레스타인 '주'는 국제적으로 독립된 나라로 인정받을 수 있을 것입니다.

― 헤브론 문제와 1997년 1월의 협정에 대해서는 어떻게 생각하십니까?

― 현 상태를 유지하는 선에서 양측이 동의했습니다. 모두가 기대했던 것이기도 합니다. 사실 아랍인이 압도적으로 많은 지역에서 이스라엘이 지배권을 유지할 방법이 없을 것입니다. 차라리 팔레스타인 경찰과 이스라엘-팔레스타인 연합 순찰대에 그 역할을 넘기는 편이 낫다고 생각할 것입니다.

― 이스라엘 언론이 언젠가부터 클린턴을 "최후의 시오니스트"라고 부르는데요.

― 몇 년 전부터 그랬습니다. 이스라엘의 주류 정치인들보다 클린턴이 더 극단적인 입장을 띠자, 이스라엘 언론이 그렇게 부르기 시작했습니다.

― 네타냐후가 미국 의회에서 "예루살렘은 이스라엘의 영원한 통합 수도일 것"이라고 말했을 때 5분 동안이나 기립박수를 받았습니다. 이에 고무된 네타냐후는 "크네세트(이스라엘의 의회)를 설득해서라도 반드시 이 꿈을 이뤄낼 것입니다"라고 덧붙였습니다.

― 1967년 이후, 자유 진영을 포함한 미국의 여론은 이스라엘 과격론자들의 입장에 동조하고 있습니다. 예를 들어, 동예루살렘의 점령은 추악하기 짝이 없는 만행이었습니다. 나는 《세계 질서, 과거와 오늘》에서 이 사건을 자세히 다루었습니다. 현재 예루살렘이라 일컫는 지역은 과거의 예루살렘보다 훨씬 큽니다. 실제로 서안 지구 전체라 말해도 과언이 아닙니다.

세계 여론은 이런 합병을 불법행위라고 비난해왔습니다. 미국도 대외적으로는 이 입장에 동조하지만 이스라엘이 제멋대로 행동하는 것 또한 묵인합니다.

― 동예루살렘의 이스라엘 정착촌과 합병된 지역 대부분에 미국의 돈이 지원되는 것으로 알고 있습니다.

― 지원금의 일부를 미국 시민이 부담하고 있습니다. 그만큼 면세 혜택을 받으니까요. 다시 말해 우리가 그 지원금을 부담하고 있다는 뜻입니다. 물론 미국 정부도 지원하고 있다지만, 그 돈도 따지고 보면 미국 납세자의 돈

입니다.

원칙적으로 미국은 서안 지구의 정착에 소요되는 자금 지원을 차단하기 위해서 차관 보증을 낮추었습니다. 하지만 그렇게 묶인 액수가 실제로 소요되는 비용보다 적습니다. 이스라엘은 이런 정책이 눈속임에 불과하다는 것을 잘 알고 있습니다. 이스라엘 언론이 그렇게 이야기하고 있으니까요.

게다가 유대민족기금Jewish National Fund을 비롯한 이른바 자선단체들의 기금이 다양한 경로를 통해 정착에 지원됩니다. 또한 이스라엘 내 유대인만을 위한 개발 프로그램의 지원금이 정착민을 지원하고 사회간접자본을 확충하는 데 전용되기도 합니다. 이런 비용도 모두 미국 납세자의 몫입니다. 이런 자선 행위에 기부되는 돈은 모두 소득공제를 받을 수 있으니까요. 하여간 이 돈을 모두 합하면 상당한 액수가 됩니다.

— 서안 지구와 가자 지구에서 가장 호전적인 정착민이 미국에서 건너온 유대인이라고 합니다. 미국의 유대인 공동체가 이런 호전성을 부추기는 것일까요?

— 미국의 유대인 공동체는 분열되어 있습니다. 하지만 이스라엘의 우익 테러리스트와 과격분자 중 상당수가 미국에서 건너간 사람들입니다. 이스라엘 사람들은 과격론자들을 싫어합니다. 자신들의 사회에 테러리스트가 들어오는 것을 원치 않습니다.

이 때문에 미국에서의 이주를 규제하자는 제안까지 있었습니다. 결코 농담으로 내뱉은 제안이 아니었습니다. 심지어 이스라엘의 주류 세력까지 "미국이 우리에게 미치광이들을 보내고 있다. 미국도 어떻게 다루어야 할지 모르는 미치광이들을! 우리는 그들을 원치 않는다"라고 말할 정도입니다.

그러나 미국의 유대인 공동체에만 국한된 이야기는 아니라고 생각합니다. 어떤 이유로든 전 세계의 유대인 공동체는 극단적인 경향을 띠고 있습니다. 고국인 이스라엘 사람들에 비해서 훨씬 과격한 성향을 보여줍니다. 적어도 내가 알기엔, 미국에 이민 온 타민족 집단도 마찬가지입니다.

— 선생님과 에드워드 사이드 그리고 몇몇을 제외하면 미국 지식인들은 서남아시아에 대한 미국-이스라엘의 입장을 일관되게 지지하는 양상입니다. 선생님은 그 원인이 어디에 있다고 생각하십니까?

— 1967년에 사태가 극적으로 바뀌었습니다. 이스라엘이 아랍 세계를 공격해 압도적인 승리를 거둔 후부터 미국 지식인들과 이스라엘의 밀월 관계가 시작되었습니다. 당시는 미국이 인도차이나를 초토화시켜서라도 지배권을 확보하려 했지만 성공하지 못한 때이기도 합니다. 그래서 모셰 다얀을 인도차이나까지 모셔 가서라도 승리하는 법을 가르쳐달라고 떼를 써야 한다는 우스갯소리까지 나돌 정도였습니다.

국내 문제도 시끄러워, 자유 진영을 포함해서 엘리트 계급이 적잖게 동요하던 때였습니다. 그런데 이스라엘이 '말썽꾼'들을 다루는 방법을 멋들어지게 보여준 것입니다. 정말로 말썽꾼들의 얼굴을 냅다 차버린 것입니다. 이 승리로 이스라엘은 미국 지식인들에게 많은 점수를 땄습니다.

— 1978년 레바논 침공에 참전한 퇴역 군인이자 이스라엘 언론인인 아리 샤비트의 기고문이 《뉴욕타임스》에 특집 기사로 실렸습니다. 그는 1996년

4월에 있었던 이스라엘의 레바논 침공을 비난하면서, "백악관, 상원 그리고 우리 편에 선 미국 언론을 등에 업고, 다른 민족의 삶이 우리의 삶보다 중요할 수 없다는 절대적 확신에 사로잡혀 우리는 수백여 명의 레바논 사람들을 죽였다"라고 썼습니다. 선생님은 히브리어로 쓰인 원문도 읽어보셨을 것입니다. 《뉴욕타임스》가 원문을 그대로 옮겼던가요?

― 조작한 곳이 여러 군데 있었습니다. 예컨대 샤비트는 '미국 언론'이라 말하지 않고 '뉴욕타임스'라고 명시했습니다. 또한 그들에게 확신을 준 기관으로 샤비트는 AIPAC(미국이스라엘공공문제위원회. 미국 내 친이스라엘 압력단체), 기아퇴치연맹(유대인 문화교육촉진협회 산하), 홀로코스트 박물관(워싱턴 DC), 야드 바셈(예루살렘 소재 홀로코스트 역사박물관) 등을 언급했습니다.

타민족을 탄압한 것을 정당화하려고 홀로코스트를 이렇게 천박하게 이용했습니다. 샤비트의 주장을 정리하면 이렇습니다. 이스라엘 사람들은 《뉴욕타임스》, 야드 바셈, 홀로코스트 박물관 등의 지원을 받고 있기 때문에 누구라도 죽일 수 있다고 착각하고 있다고!

동티모르, 언론 권력의 외면

― 동티모르의 카를로스 벨로 주교와 주제 라모스오르타는 거대한 적과 맞서 싸운 공로로 1996년 노벨 평화상을 받았습니다. 그들이 노벨 평화상 수상자로 결정되었다는 소식을 들었을 때 기분이 어떠셨습니까?

─ 멋진 일이었습니다. 정말 축하해주고 싶었습니다. 개인적으로 주제 라모스오르타는 20년 지기이기도 합니다. 아직 그의 공식 연설문을 읽어보지 못했지만, 노벨 평화상 수상자가 발표된 후 나는 그를 상파울루에서 우연히 만났습니다. 그때 그는 인도네시아의 침략에 맞서 싸운 저항 세력의 지도자로 1992년부터 인도네시아 교도소에 수감되어 있는 샤나나 구스망에게 노벨 평화상을 주어야 한다고 공개적으로 주장하더군요.

우리는 동티모르의 투쟁이 무엇인지 정확히 알아야만 합니다. 우리가 그 투쟁의 전모를 세상에 알릴 때 그 중요성이 더해질 것이기 때문입니다. 주류 언론은 이를 덮어버리기에 급급합니다. 간혹 예의상 박수를 보내기는 하지만 곧 잊으려고 애씁니다. 이들이 그 투쟁을 잊는다면, 이는 우리의 잘못입니다. 다른 누구의 잘못도 아닙니다.

조만간 클린턴은 인도네시아에 군대를 파견하려고 할 겁니다. 하지만 민중의 뜨거운 요구가 없다면 클린턴은 유야무야 넘어가고 말 것입니다. 그의 노벨 평화상의 수상은 운명을 걱정하는 수십만여 명의 사람들에게는 절호의 기회입니다. 하지만 그것만으로 충분하지는 않습니다.

중요한 사건이 미국 언론에는 언급조차 되지 않는 경우가 비일비재합니다. 미국과 호주가 1975년 인도네시아의 티모르 침공을 지원한 것이 대표적인 예입니다. 미국과 호주는 티모르의 풍부한 원유 자원 때문에 인도네시아의 침공을 지원했습니다. 지금 호주와 인도네시아는 파렴치한 조약을 맺고 그 '검은' 원유를 약탈합니다. 물론 미국의 원유 회사들도 개입되었습니다. 하지만 이 사건은 아직까지 진지하게 논의된 적이 없습니다. 간혹 지엽적인 사건으로 언급될 뿐입니다. 이제 우리가 나서야 합니다. 우리가 무엇인가를 해야만 합니다.

— 동티모르에서 온 손님을 모시고 선생님이 직접《뉴욕타임스》편집실을 방문하지 않았던가요?

— 당시《뉴욕타임스》는 리스본과 호주에 머물고 있는 티모르 난민들과 인터뷰하는 것을 거부했습니다. 다른 주류 언론들과 마찬가지로 그 난민들에게 접근할 방법이 없다고 핑계대면서요. 그래서 내가 리스본에 있는 티모르 난민 몇 명에게 뉴욕행 비행기 표를 구입해서 보냈습니다. 하지만《뉴욕타임스》는 이들을 인터뷰하는 것조차 거부했습니다.

물론《뉴욕타임스》를 어렵사리 설득해서 포르투갈인 신부 레오네토 도레고와 인터뷰를 성사시킨 적은 있었습니다. 그 신부는 티모르 저항 세력과 산속에서 살았지만 1978년 거의 인종 학살에 가까운 만행이 저질러졌을 때 티모르에서 추방당했습니다. 카터가 인도네시아에 무기를 대량으로 원조한 때였습니다. 그들이 레오네토 신부를 죽이지 않은 유일한 이유는 그가 포르투갈인이었기 때문입니다.

레오네토 신부는 아주 흥미로운 사람이자 신뢰할 수 있는 증인이었습니다. 게다가 보스턴의 추기경과 동창생이었기 때문에 무시할 수 없는 사람이었습니다. 하지만 아무도 그에게 티모르의 상황을 묻지 않았습니다. 결국 내가《뉴욕타임스》를 설득했고, 레오네토 신부는 인도네시아의 만행을 고발할 수 있는 기회를 얻었습니다.

하지만 캐슬린 텔치 기자의 인터뷰 기사는 민망하기 짝이 없었습니다. 티모르에서 벌어지는 상황에 대해서는 한마디도 인용하지 않았습니다. 그저 "티모르에서 바람직하지 않은 일이 벌어지고 있다"라고 단 한 줄을 썼을 뿐입니다. 아주 불성실한 기사였습니다.《뉴욕타임스》의 편집자들이라면

**José
Ramos
Horta**

개인적으로주제 라모스오르타는
20년 지기이기도 합니다. 아직 그의 공식 연설문을 읽어보지
못했지만, 노벨 평화상 수상자가 발표된후 나는 그를
상파울루에서 우연히 만났습니다.

그 문제를 논설의 첫 머리에 올려야 마땅했을 텐데 말입니다.

동시에 나는《보스턴글로브》의 편집장을 만나 동티모르 사건을 1면 기사로 실어달라고 촉구했습니다. 마침 그들이 국무부의 공식 성명과 인도네시아 장성들의 변명을 보도한 때였습니다. 그들은 내게 특별 기고문을 써달라고 제의했습니다. 하지만 나는 "그럴 순 없소. 내가 특별 기고문을 쓸 입장은 아니요. 당신 신문의 기자가 이 사건을 철저히 조사해줄 것을 원해요" 라고 대답했습니다.

결국 내 설득에 그들은 이 사건을 조사하기로 결정했습니다. 하지만 그들은 이 사건을 진지하게 받아들이지 않았습니다. 노련한 해외 담당 기자에게 조사를 맡기지 않고, 로버트 레비라는 지방 기자에게 그 사건의 조사를 맡겼습니다. 다행히 로버트는 무척이나 성실했습니다.

우리는 솔선해서 그를 도왔습니다. 그는 사건의 실마리를 잡자 집요하게 파고들었습니다. 게다가 국무부의 누군가가 레오네토 신부와《뉴욕타임스》의 인터뷰 원문을 그에게 몰래 제공해주었습니다. 그 인터뷰에서 레오네토 신부는 무척이나 처절하면서도 중요한 정보를 많이 제공했습니다. 로버트의 기사는 미국 언론에서 동티모르 사태를 가장 충실하게 다룬 최고의 기사였습니다.

1979년과 1980년 초에 있었던 일입니다. 그 전까지 미국 언론은 동티모르 사태에 대해 철저하게 함구했습니다. 그랬습니다! '철저하게' 함구했습니다. 1978년 잔혹 행위가 최고조에 달했을 때에도 동티모르에 대한 기사는 단 한 줄도 없었습니다.

그렇다고 동티모르에서 벌어진 잔혹 행위를 아무도 몰랐던 것은 아닙니다. 포르투갈 제국이 몰락해가던 1974~1975년에는 동티모르라는 이름이 자주 언급되었습니다. 하지만 당시에도 대부분의 기사가 변명과 프로파간 다로 일관했습니다.

동티모르 사태를 집중적으로 다룬 기사 목록을 소개한《리더스 가이드 투 피어리어디컬 리터러처*Rider's Guide to Periodical Literature*》에 따르면, 인도네시아의 침략이 있은 후에 작성된 최초의 글은 내 것이었습니다. 내가 1979년《인 콰이어리*Inquiry*》에 발표한 글이었습니다.《인콰이어리》는 당시 내가 가끔 글 을 기고하던 우익 계열의 자유주의 잡지였습니다. 미국을 필두로 서구 언 론이 동티모르 사태에 함구하는 현상을 주제로, 내가 유엔에서 한 증언을 바탕으로 쓴 글이었습니다. 아널드 코헨도《네이션*The Nation*》에 기고한 인도 네시아에 대한 글에서 티모르 사태를 언급한 적이 있었습니다.

덧붙여 말해두고 싶은 것은, 아널드 코헨을 필두로 극소수의 사람들이 동티모르 사태를 공공의 장으로 끌어낸 덕분에 수십만여 명이 목숨을 구할 수 있었습니다. 적십자도 들어갈 수 있었습니다. 물론 그 후에도 테러는 계 속되었지만 줄어든 것만은 사실입니다.

또한 동티모르 사태는 인터넷이 사태의 방향을 돌려놓은 전형적인 사례 입니다. 동티모르 행동 네트워크*East Timor Action Network*는 아주 작은 집단이었습 니다. 하지만 찰리 사이너를 비롯한 몇몇 동호인들이 인터넷을 이용해 동 티모르의 참상을 세상에 알렸습니다. 인터넷이 없었다면 동티모르의 참상 을 전혀 몰랐을 사람들에게 말입니다.

호주의 친구들이 자국 언론에 실린 기사를 보내준 덕분에 나는 동티모르 사태를 미리 알게 되었습니다. 하지만 지금은 얼마나 많은 사람이 인터넷을 이용하고 있습니까? 이제는 모두가 정보를 신속하게 얻을 수 있습니다. 덕 분에 민중운동도 사회에 상당한 영향을 미칠 수 있을 정도로 성장했습니다.

인도, 미국의 이중 잣대

─ 애덤 스미스는 동인도회사에 인도에 대한 독점권을 주었다고 영국 왕실을 비난하지 않았던가요?

─ 그렇습니다. 애덤 스미스는 영국이 인도에 저지른 일을 맹렬히 비난했습니다. "유럽인들의 야만적 불법행위가 벵골(인도의 북동부 지역)을 황폐화시켰다"고 비난했습니다. 영국의 동인도회사가 저지른 만행이 대표적인 예입니다. 동인도회사는 인도 농부들에게 곡물을 걷어내고 아편을 심도록 했습니다. 그리고 인도에서 생산된 아편을 중국에 팔았습니다.

인도는 1700년대에 대단한 산업국이었습니다. 그런데 영국이 그 산업 기반을 궤멸시켰습니다. 1820년대 말까지 영국은 인도에서 철강 제조법을 배웠습니다. 봄베이에서는 영국에 뒤지지 않는 기관차를 생산했습니다.

인도의 철강 산업은 얼마든지 발전할 여지가 있었지만 영국은 그것을 허락하지 않았습니다. 철통같은 보호주의 덕분에 영국의 산업은 발전할 수 있었지만 인도는 농업국으로 전락하고 말았습니다. 영국의 통치를 받는 동안 인도는 실질적으로 거의 성장하지 못했습니다.

인도는 자체로 목화까지 재배했지만 인도의 직물은 영국 시장에 진출할 수 없었습니다. 영국산 직물보다 가격이 싸다는 이유 때문이었습니다. 이때 영국은 "아시아의 임금은 턱없이 싸다. 그래서 우리가 경쟁할 수가 없다. 우리 시장은 우리가 지켜야 한다"라고 변명하며 인도산 직물의 수입을 막았습니다.

애덤 스미스는 이런 변명에 의문을 품었습니다. 최근 하버드 대학원 논문 심사를 통과한 경제사 박사 학위 논문은 애덤 스미스가 옳았음을 증명하고 있습니다. 이 논문에 따르면, 실질임금은 영국보다 인도가 더 높았을 수 있습니다. 인도 노동자들이 더 나은 임금을 받고 노동의 효율성도 훨씬 나을 수 있다고 증명했습니다.

천만다행으로 미국은 사정이 달랐습니다. 1800년대에 철로 건설 붐이 일어나면서 미국인들은 철강 산업을 발전시킬 수 있었습니다. 게다가 미국은 품질도 낮고 가격도 싼 영국산 철강의 수입을 막기 위해 철통같은 보호무역 정책을 썼습니다. 50년 전에도 미국은 직물 산업을 발전시키려고 똑같이 보호무역 정책을 썼습니다.

애덤 스미스는 영국의 상인과 제조업자들이 다른 사람들에게는 피해를 주더라도 우선 자신들의 이익을 챙기기 위해 국가권력을 이용한다고 지적했습니다. 이 때문에 제3세계의 국민만이 아니라 영국 국민도 큰 피해를 입었습니다. 요컨대 '정책 주요 입안자들'은 부자가 되었지만, 공장과 상선에서 일하던 노동자들은 그러지 못했습니다.

스미스의 분석이 옳았습니다. 하지만 오늘날 스미스 식의 분석은 극단적인 반미反美 또는 적어도 이와 비슷한 급진적 시각으로 매도됩니다. 유감스럽게도 그 시대와 똑같은 현상이 지금도 벌어지고 있습니다. 미국이 엘살바도르와 인도네시아에 수출산업을 맡긴 결과가 무엇입니까? 소수는 점점 부자가 되고 있지만, 다수는 그렇지 못합니다. 부자가 되기는커녕 더욱 가난해지고 있습니다. 게다가 미군까지 나서서 이를 부추깁니다.

― 《권력과 지성인 *Representations of the Intellectual*》에서 에드워드 사이드는 "지성인의 가장 비열한 행위 중 하나는, 다른 나라에서 일어나는 폭력에 대해서는 점잖

게 나무라면서, 정작 자기 나라에서 똑같이 벌어지는 폭력에 대해서는 변명하려고 애쓰는 것이다"라고 말했습니다. 사이드는 토크빌과 존 스튜어트 밀을 예로 들었습니다. 토크빌은 미국의 현상에는 혹평을 퍼부었지만 프랑스의 식민지 알제리에서 벌어진 현상에는 눈을 감았습니다. 존 스튜어트 밀은 민주적 자유에 대한 위대한 사상을 영국 정부에 거침없이 요구했지만, 그 사상을 인도에는 적용하지 않았습니다.

— 그뿐이 아닙니다. 유명한 자유주의자인 제임스 밀과 마찬가지로 그의 아들인 존 스튜어트 밀도 한때 동인도회사의 직원이었습니다. 게다가 1859년에는 영국이 유럽의 추악한 사건에 개입해야 되느냐를 주제로 간담이 서늘해질 정도로 충격적인 글도 발표했습니다.

많은 사람이 "유럽 문제는 우리가 상관할 바가 아니다. 그 후진적인 사람들이 스스로 문제를 해결하도록 내버려두자!"라고 말했지만, 밀은 "영국인은 진정한 문명인이기 때문에, 영국이 유럽의 가난한 사람들을 대신해서 개입하지 않는다면 그들이 더욱 큰 불행에 빠질 것이다"라는 근거로 반대했습니다. 겉으로 보기엔 그럴듯하지만, 요즘 미국도 이런 핑계를 대며 다른 나라의 문제에 끼어듭니다.

밀이 그 글을 쓴 때가 더욱 흥미롭습니다. 그 글은 1857년 인도 항쟁(세포이의 항쟁)이 일어난 직후에 발표되었습니다. 그때 영국인들의 극악한 잔혹 행위로 얼마나 많은 인도인이 죽었습니까! 이 사실은 영국에도 널리 알려졌지만, 영국이 수호천사처럼 다른 나라들의 문제에 참견해야 한다는 밀의 관점에는 조금도 영향을 미치지 못했습니다.

─ 얼마 전, 25년 만에 처음으로 인도에 다녀오신 걸로 알고 있습니다. 인도 방문에서 가장 흥미로웠던 점은 무엇이었습니까?

─ 9일 동안 여섯 도시를 돌아다녔습니다. 따라서 인상 깊은 기억은 없습니다. 인도가 매력적이고, 무척이나 다양성이 있는 나라인 것은 틀림없습니다. 그런데 인적 자원과 자연 자원 모두 불필요하게 낭비되고 있다는 느낌이었습니다.

상상할 수 없을 정도로 부유한 사람들이 있는 반면에 믿겨지지 않을 정도로 가난한 사람들이 있습니다. 이런 점에서 옛날 영국의 통치를 받을 때와 변한 것이 없는 듯합니다. 봄베이의 빈민가는 그야말로 숨이 막힐 정도였습니다. 시골 지역은 더 처참했습니다. 영국의 식민 지배가 남긴 영향에서 아직도 완전히 벗어나지 못한 모습이었습니다. 하지만 찬란한 미래가 보장된 듯한 긍정적인 면도 적지 않았습니다.

인도 헌법은 마을 자치 정부를 보장하고 있습니다. 하지만 서벵골 주와 케랄라 주, 두 곳에서만 그 제도가 그런대로 운영되고 있었습니다. 두 주는 상당히 가난한 데다 공산당이 지방정부를 차지하면서 사회 개혁 제도를 광범위하게 시행하고 있기 때문에, 외국이나 국내 투자자들이 선뜻 투자하기를 망설이는 듯합니다.

그러나 케랄라 주는 건강, 복지, 문맹률, 여성의 권리 등에서 인도의 어떤 주보다 앞서가고 있습니다. 예컨대 출생률이 눈에 띄게 떨어졌습니다. 이런 현상은 여성의 권리가 신장되었다는 방증이 아니겠습니까! 나는 케랄라 주에 잠깐 머물렀지만, 이런 변화를 분명히 엿볼 수 있었습니다.

서벵골 주는 훨씬 복잡한 지역입니다. 내가 미국에 앉아 캘커타(현재 콜카

타)에 대한 글을 읽으며 상상할 때에는 완전히 폐허인 줄 알았습니다. 물론 캘커타는 폐허와 다름없습니다. 하지만 내가 목격한 바에 따르면, 인도의 다른 도시와 크게 다르지 않았습니다.

뱅골의 시골 지역은 특히 흥미로운 곳입니다. 특히 서뱅골 주는 농민 저항의 역사가 숨 쉬는 곳입니다. 1970년대에 그곳에서는 격렬한 농민운동이 있었습니다. 인디라 간디가 무자비한 폭력으로 농민들의 저항을 진압하려 애썼지만 농민들의 저항은 잡초처럼 계속되었습니다. 결국 농민들은 대부분, 아니 모든 지주에게서 토지의 지배권을 되돌려 받았습니다.

나는 인도 정부의 초청을 받아 캘커타에서 8킬로미터 남짓 떨어진 서뱅골 주의 한 지역을 다녀왔습니다. 내 친구와 농촌 개발을 연구하는 경제학자, 그리고 우연이었는지 MIT에서 경제학 박사 학위를 받은 장관이 동행했습니다. 마을 사람들은 24시간 전에야 우리가 방문할 것이란 소식을 받았던 까닭인지 특별한 준비가 없었습니다.

나는 세계 여러 곳을 돌아다니며 농촌 개발 프로그램을 직접 눈으로 확인했지만, 그곳의 프로그램은 무척이나 인상적이었습니다. 평등주의에 입각했으며 자치적인 성격이 뚜렷했습니다. 우리는 마을의 위원만이 아니라 평범한 농부도 만났습니다. 그들은 우리 질문에 서슴없이 대답했습니다. 내가 놀랄 정도였습니다.

사실 내가 경험한 바에 따르면 다른 지역 농부들은 예산이 얼마인지, 다음 해 농산물 생산 다각화로 어떤 계획을 세웠는지 등에 대해서 쉽게 대답하지 못했습니다. 하지만 그곳 농부들은 내 질문에 곧바로 대답했습니다. 자신감에 넘쳤고, 프로그램의 내용을 완전히 이해하고 있는 것 같았습니다.

위원회의 구성도 흥미로웠습니다. 카스트제도와 부족 간의 차별이 거의 완전히 해소된 듯했습니다. 자치위원회의 구성원 절반이 여성이었습니다. 위원장은 약간의 땅을 소유한 농부였습니다. 게다가 내 질문에 대답한 사람 중 일부는 개인적으로 소유한 땅도 없는 농부들이었습니다.

그들은 포괄적인 농지개혁 프로그램을 시행하고 있었고, 문맹률도 낮았습니다. 우리는 학교도 둘러보았습니다. 겨우 30여 권이 갖추어진 도서관이 있었지만 그들은 그런 도서관이라도 있는 것을 무척 자랑스레 여겼습니다.

가구 단위로 사용할 수 있게끔 간이 펌프를 이용한 우물이 정부의 지원으로 갖춰지고 있었습니다. 여자들이 펌프를 설치하고 유지하는 기술을 훈련받는 것으로 보아, 우물의 관리가 여자들의 책임인 듯했습니다. 이들은 우리에게 간이 펌프 장치를 보여주었습니다. 무척이나 자부심에 넘친 표정이었습니다.

우리는 문 앞에 우유 깡통을 잔뜩 쌓아둔 건물 앞을 지나갔습니다. 여자들이 운영하는 일종의 낙농협동조합이었습니다. 그들은 협동조합에서 별다른 이익을 거두지 못하지만, 함께 일하면서 스스로 경영하고 싶어 했습니다. 이 모든 것들이 내게는 인상적이었습니다.

— 케랄라 주와 달리 벵골 지방은 영국인에게 무척이나 착취당하지 않았습니까?

— 그랬습니다. 하지만 문화적으로 발전한 지방이기도 했습니다. 예컨대, 1800년대 초에 벵골은 1인당 서적 수가 세계에서 가장 많은 곳이었습니다. 현재 방글라데시의 수도인 다카는 당시 런던에 버금갈 정도로 발전한 도시였습니다.

특히 벵골은 찬란한 문학적 전통을 지닌 곳이었습니다. 물론 교육받은 부자들만이 참여한 문학이었지만, 19세기부터 엄격한 카스트제도가 붕괴될 조짐이 보였다는 연구가 있습니다.

케랄라 주도 흥미로운 역사를 지닌 지역입니다. 영국이 지배하기는 했지만 그다지 수탈하지는 못했습니다. 그 지역 지배자가 민중을 위한 개혁 프로그램을 착수하며, 봉건 지주에 맞선 투쟁에서 민중의 지지를 얻었던 덕분이었습니다.

영국은 케랄라 주에 이상할 정도로 관대했습니다. 덕분에 케랄라 주는 개혁 정책을 진행시킬 수 있었습니다. 독립 후에는 공산당 정부가 그 정책을 이어받았습니다. 이제 개혁 정책은 케랄라 주민에게 생활의 일부입니다. 의회당이 이번 총선에서 승리를 거두었음에도 그 정책은 무리없이 진행되고 있습니다.

— 영국 식민지주의가 남긴 유산의 하나가 인도 북쪽 끝에 있는 카슈미르 지방입니다. 이 지방의 문제에 대해서도 의견을 나누셨나요?

— 내가 만난 사람들 대부분은 카슈미르 분리주의자들을 테러리스트라 비난했습니다. 인도의 일부 자유주의자들이 이 문제를 용기 있게 거론하고 있으며 그들에게 귀를 기울이는 국민이 적지 않다고 합니다. 하지만 9일 동안 여섯 도시나 돌아다니면서 내가 받은 인상은 달랐습니다. 적잖은 인도인의 속내는 그런 것이 아니라는 인상이었습니다.

— 인도 정부가 신자유주의 경제를 채택하지 않았나요?

― 신자유주의와 구조 조정에 대한 논의가 언론을 비롯해 사방에서 끊이지 않습니다. 실제로 모두가 이에 대한 관심이 대단합니다.

신자유주의가 새로운 것인 양 주장하는 목소리가 높지만, 엄격하게 따지고 보면 인도인들이 지난 300년 동안 겪어온 현상과 크게 다르지 않습니다. 인도인들은 과거의 역사를 잘 알고 있기 때문에 신자유주의의 진실을 말해주면 어렵지 않게 이해합니다. 사실 신자유주의의 진실을 알게 되면 민중의 저항이 어찌 없겠습니까? 인도인들이 가혹한 신자유주의를 받아들이지 않는 이유도 여기에 있습니다.

현재 인도에서는 신자유주의를 어느 정도까지 받아들일 것이냐는 문제로 시끄럽습니다. 예컨대 정부는 인도 미디어를 '자유화'시키려고, 즉 루퍼트 머독의 기업과 같은 미디어 재벌에 인도 미디어를 팔려고 애씁니다. 물론 인도의 미디어도 대부분 부자들의 소유이지만, 이들은 자신들의 미디어를 다국적 미디어 재벌의 자회사로 전락시키려는 정부의 시도에 크게 저항하고 있습니다.

인도 부자들이 우익이기는 하지만 인도 미디어를 외국 기업에 넘기기보다는 자체의 고유한 시스템으로 운영하고 싶어 합니다. 실제로 그들은 문화적 자율성을 그런대로 유지해왔습니다. 적어도 지금까지는 그랬습니다. 인도인들에게도 머독하의 미디어보다는 인도 우익의 미디어가 훨씬 나을 것입니다.

앞에서 언급했듯이 인도의 소규모 광고 회사는 그러지 못했습니다. 대부분의 토착 광고 회사가 미국의 거대 광고 회사에 팔렸습니다. 이 때문에 광고되는 것은 거의 모두가 외국 상품입니다. 따라서 자국 상품은 뒷전으로 밀려나 인도 경제까지 타격을 입고 있습니다. 하지만 특권층은 이런 변화를 즐깁니다. 이익이 생기니까요.

지적재산권도 큰 쟁점입니다. 국제적으로 새롭게 정립된 특허법은 매우 엄격해서, 약을 상당히 싼값에 판매하는 인도의 제약 산업을 붕괴시킬 수도 있습니다. 인도의 제약 회사들이 외국 기업의 자회사로 전락한다면 약값 상승은 불을 보듯 뻔합니다. 따라서 인도 의회는 정부가 제안한 특허법을 부결시켰지만 정부는 이를 어떤 형태로든 관철시키려고 할 것입니다.

과거에는 '방법특허process patents'만이 인정되었습니다. 따라서 똑같은 제품을 만들더라도 더 나은 방법을 개발하면 그만이었습니다. 그런데 WTO는 '제품특허product patents'라는 개념을 도입했습니다. 방법만이 아니라 그 방법으로 만들어진 제품에까지 특허를 부여하겠다는 것입니다. 제품특허는 기술 혁신에 대한 의욕을 꺾어버립니다. 따라서 무척이나 비효율적이고 부적절한 조치입니다. 시장 논리에도 맞지 않습니다. 특허권의 이러한 확대는 부자에게 더 큰 힘을 부여하고, 거대 다국적기업에 제약 산업과 생명공학의 미래를 맡긴 꼴이나 마찬가지입니다.

미국, 영국, 일본 같은 나라들의 과거를 생각해보십시오. 이들이 선진국으로 도약할 때는 제품특허와 같은 것을 결코 용납하지 않았습니다. 자국의 언론이 외국 기업에 지배되는 것도 용납하지 않았습니다. 그런데 이제 이들은 제3세계에 '시장 규율market discipline'이란 것을 강요하고 있습니다. 식민지 시대에 그랬던 것처럼 말입니다.

과학자 채용은 또 다른 문제입니다. 외국 기업은 인도 연구진에게 과거보다 훨씬 많은 봉급을 줍니다. 또한 인도 과학자가 이직할 생각은 꿈도 꾸지 못할 정도로 좋은 시설을 갖춘 연구소를 세웁니다. 결과적으로 외국 기업은 인도 최고의 과학자들을 채용할 수 있습니다.

과학자들은 행복하고 기업도 콧노래를 부르겠지요. 하지만 한때 세계 최고의 농업 연구소들이 있던 인도에 반드시 달가운 일만은 아닙니다.

옛날에는 농부들이 연구소를 찾아가 "내 밭에 처음 보는 벌레가 있어요. 한번 가서 보아줄래요?"라고 말할 수 있었습니다. 하지만 요즘에는 외국 기업이 이런 연구소를 사들입니다. 이런 연구소는 특수 시장을 겨냥한 수출용 작물의 연구에 몰두하고 수입 농산물을 지원할 것이므로, 결국 인도의 농산물에 큰 피해를 안겨줄 것이라고 생각합니다.

새삼스런 이야기가 아닙니다. 강대국이 오랫동안 시행해온 긴 '실험'의 한 부분일 뿐입니다. 영국이 1793년 영대^{永代} 자치제^{permanent settlement} (봉건지주에게 토지에 대한 유럽식 소유권을 인정한 제도)란 이름으로 벵골에 소유한 토지들을 재정비한 것이 대표적인 예입니다. 그로부터 30∼40년 후 영국 의회는 이에 대해 조사하여, 이 실험이 벵골 사람들에게 엄청난 재앙을 안겨주었다는 사실을 인정했습니다. 하지만 이 덕분에 영국인들은 부자가 되었고, 영국의 편에 서서 벵골의 주민들을 감독하고 관리하는 지주계급을 만들어냈다는 사실도 아울러 지적했습니다.

최근에 멕시코에서도 비슷한 실험이 있었다는 사실은 이미 언급한 듯합니다. 이런 실험은 동물처럼 실험 대상이 된 가난한 사람들에게는 실패로 비춰질지 몰라도, 그 실험을 계획하고 시행한 사람들에게는 성공으로 여겨집니다. 이상하게도 이런 패턴이 예외없이 반복됩니다. 지난 200년 동안 이 패턴에서 조금이라도 벗어난 예외가 있다면 내게 말씀해보십시오. 내가 알기에 단 한 건도 없습니다. 주류에 속한 사람들 중 이런 사실을 언급이라도 하는 사람이 있나요? 단 한 사람도 없습니다!

─ 인도는 식민지에서 독립하면서 엄청난 역동성을 보여주었습니다. 미국이 지배하는 세계에서 엄정한 중립을 지키지 않았습니까.

─ 그런 중립성이 이제는 많이 사라진 듯합니다. 일반 국민은 그렇지 않더라도 인도 정책에서는 그런 기미가 역력합니다.

미국은 인도 독립에 강력히 반대했습니다. 물론 네루의 비동맹 정책도 못마땅하게 생각했습니다. 미국의 정책 입안자들은 이런 자주성을 앞세운 인도 지도자들을 비난했고, 심지어 증오하기까지 했습니다. 아이젠하워는 네루를 "열등의식에 사로잡히고, 백인의 지배를 무작정 싫어하는 정신분열증 환자"라고 불렀을 정도였으니까요. 하지만 영국이 인도인들을 어떻게 수탈했는지 안다면 아이젠하워의 독설이 터무니없는 망발임을 깨달을 것입니다.

미국은 서남아시아 지배의 전초기지로 삼은 파키스탄을 무장시켜 남아시아까지 냉전을 확대시켰습니다. 그 결과로 인도와 파키스탄은 서로 지루한 전쟁을 벌였습니다. 때로는 서로 미국 무기를 들고서 말입니다.

미국의 정책 입안자들은 인도네시아도 걱정했습니다. 1948년, 미국의 주요 정책 입안자 중 한 명인 조지 케넌은 인도네시아를 "크렘린과의 투쟁을 벌이는 이 시점에서 가장 중대한 지역"이라 표현하기도 했습니다. 물론 소련은 인도네시아를 크게 중요시 여기지 않았습니다. 이들에게 인도네시아는 그저 "제3세계의 독자적 발전"을 보여주는 한 사례에 불과했습니다.

케넌은 인도네시아가 공산화될 경우 그 여파가 서쪽으로 확대되어 남아시아 전체가 '전염'될까 두려워했습니다. 물론 소련의 정복에 의한 공산화가 아니었습니다. 말 그대로 전염이었습니다. 1965년에 인도네시아에서 대량 학살이 자행될 때까지 미국은 이런 걱정을 완전히 떨치지 못했습니다. 이 대량 학살을 두고 미국 정부는 물론이고 언론과 평론가 모두가 박수를 보냈으니까요.

미국의 정책 입안자들은 중국에도 똑같은 두려움을 품었습니다. 중국이 남아시아를 정복할까 싶어서가 아니라, 아시아의 다른 국가들에 표본으로 여겨질까 두려웠던 것입니다. 한편 미국의 정책 입안자들에게 인도는 골치 아픈 존재였습니다. 중국을 대신할 대안적 모델로서 인도를 지원해야 했지만, 인도가 다소 독립적인 노선을 취하면서 소련과 가까운 관계를 맺었기 때문에 지원하기가 난감했을 것입니다.

결국 미국은 중국을 대신할 민주적 대안으로 여기면서 마지못해 인도에 약간의 원조를 했습니다. 미국은 인도가 독자적으로 에너지원을 개발하는 것을 허락하지 않았습니다. 따라서 인도는 원유를 비싼 값에 수입해야 했습니다. 인도는 엄청난 양의 원유를 땅속에 지녔지만 아직 제대로 개발하지 못한 상태입니다.

인도에 대한 미국의 이중적 입장은 때때로 상당히 추악한 면까지 띠었습니다. 독립 직후, 즉 1950년대 초에 인도는 극심한 기아에 시달렸습니다. 그 때문에 수백만 명이 죽었습니다. 그때 미국은 식량이 남아돌았지만 트루먼은 인도에 한 톨의 식량도 보내지 않았습니다. 그 이유가 뭔지 아십니까? 단지 네루의 독자 노선이 마음에 들지 않았기 때문입니다. 결국 약간의 잉여 식량을 보내면서 가혹한 조건을 내걸었습니다. 이 건에 대해서는 역사학자 데니스 메릴의 책을 읽어보라고 권하고 싶습니다.

— 인도에 대한 전반적인 인상은 어땠습니까?

— 수입제한 조치를 취하느냐, 아니면 신자유주의 정책을 도입하느냐? 이 문제로 인도가 뜨겁게 달구어져 있지만, 쉽게 답을 구할 수는 없을 것입니다. 부채와 마찬가지로 수입제한 조치도 그 자체로는 좋은 것도 아니고 나쁜 것도 아닙니다. 이것을 무슨 목적에 사용하느냐에 따라 달라질 수 있으니까요. 영국과 미국이 옛날에 그랬듯이, 자국 산업 기반과 시장을 보호할 목적으로 수입제한 조치를 현명하게 사용한 한국, 일본, 대만에서는 이 조치가 무엇보다 적절한 선택이었습니다. 적어도 당사국의 입장에서는 그랬습니다. 하지만 비능률적인 체제를 보호하고, 그 체제에서 이익을 챙기는 부자를 보호할 목적으로 수입제한 조치가 사용된다면 결코 좋은 것이 아닙니다.

개인적인 경험으로 인도의 모습을 설명해보겠습니다. 내가 실제로 겪었지만 미국인은 상상조차 못할 일입니다. 하이데라바드에서 강연을 끝낸 후 나는 공항으로 향했습니다. 몇몇 친구가 친절히 동행해주었고요. 약 3킬로미터쯤 달렸을까요? 교통이 꽉 막혀 우리는 꼼짝할 수 없었습니다. 도로는 자전거, 인력거, 달구지, 자동차 등으로 뒤덮였습니다. 그런데도 인도인들은 조용하더군요. 누구도 소동을 피우지 않았습니다.

20분 정도 그렇게 꼼짝 못했습니다. 제시간에 공항에 도착하려면 걷는 수밖에 없다는 생각이 들더군요. 그래서 내 친구들과 나는 꽉 막힌 도로를 이리저리 헤치며 걷기 시작했습니다.

마침내 우리는 큰길까지 걸어 나갔습니다. 도로가 꽉 막힌 이유를 그때서야 알았습니다. 큰길이 차단되었기 때문이었습니다. 인도에는 사방에 많은 경찰과 공안부대원이 있습니다. 하지만 그날은 유난히 많았습니다. 내 친구가 그들에게 부탁해서 우리는 차단된 길을 건널 수 있었습니다. 덕분에 공항에 늦지 않게 도착했습니다. 공항이 도시에서 멀리 떨어져 있어 그다지 기능적인 편은 아니었습니다.

어쨌든 그날 큰길이 차단된 이유가 무엇이었을까요? 큰길 옆에는 'VVIP'라고 쓰인 팻말이 세워져 있었습니다. '아주 아주 중요한 사람'이란 뜻이라 하더군요. 결국 VVIP가 언제 지나갈 지 모른다는 이유로 그 큰길이 차단되었던 것입니다. 나중에야 알았지만 VVIP는 수상이었다고 하더군요.

결코 바람직한 현상이 아닙니다. 하지만 더욱 나쁜 것은 인도 국민이 그런 현상을 용납한다는 사실입니다. 이곳 보스턴에서 그런 일이 벌어질 수 있을까요? 상상조차 못할 일입니다. 봉건적 사고방식이 아직도 인도에는 뿌리 깊이 박혀 있습니다. 이 사고방식을 뿌리 뽑기란 여간 힘들지 않을 것입니다.

서벵골 주의 시골 마을은 매우 인상적이었습니다. 많은 여성을 포함해서 가난하고 땅 없는 사람들은 적극적이고 참여적이었습니다. 이런 변화가 손가락으로 셀 수 있을 만큼 미미한 것은 사실입니다. 하지만 이런 작은 변화가 큰 차이를 만들어냅니다. 아리스티드(가톨릭 사제 출신의 아이티 대통령)의 선거 혁명이 있기 전부터 아이티에서 태동되어 1970년대와 1980년대에는 중앙아메리카에서 일어났던 민주화 운동처럼 진정한 민중의 저항과 적극적 행동주의를 인도에서도 목격할 수 있었습니다.

아이티에서의 민주주의가 결국 미국에 적대감을 불러일으켰고, 미국이 암묵적으로 지원한 쿠데타로 끝난 것이 아쉬울 뿐입니다. 중앙아메리카에서도 미국이 지원한 테러 전쟁이 일어났습니다. 그리고 미국은 민주주의가 완전하게 기능할 수 없는 조건을 구축한 후에야 두 곳에 민주적 통치 형태를 허용하며, 자신들의 너그러움을 자화자찬하는 실정입니다.

인도는 앞으로 많은 것을 극복해 나아가야 합니다. 특히 비효율성은 민겨지지 않을 정도입니다. 내가 인도에 머무는 동안 인도국립은행이 발표했던 자료를 보면, 인도 경제의 3분의 1이 '지하경제'입니다. 이는 부자들이 세금을 내지 않는다는 뜻입니다. 인도 경제학자들도 3분의 1 정도가 경제 수치에 잡히지 않는다고 내게 말했습니다. 이런 나라가 어떻게 제대로 돌아가겠습니까?

다른 비슷한 나라들과 마찬가지로 인도가 당면한 문제도 "그들이 부자들을 통제할 수 있느냐?"라는 것입니다. 그런 방법을 찾아낼 수 있다면 인도는 많은 일을 해낼 수 있을 것입니다.

미국에 휘둘리는 국제기구

— 《세계 질서, 과거와 오늘》에서 선생님은 유엔을 미국의 하수인이라 혹평했습니다.

— 사실 유엔이 미국, 결국 미국 기업이 원하는 방향대로 움직이지 않나요? 평화를 지킨다며 보여준 유엔의 많은 활동을 보십시오! 기업이 비즈니스를 하는 데 필요한 '안정'을 유지하는 것이 이들의 목적이지 않습니까. 추악하기 짝이 없는 짓이지만, 유엔이 그렇게 해주기에 기업들은 콧노래를 부를 수 있는 것입니다.

— 그렇다면, 전前 유엔사무총장 부트로스 부트로스갈리에 대한 미국의 적대감은 어떻게 설명하겠습니까?

― 무엇보다, 부트로스갈리 사무총장에 대한 적대감은 인종차별적 요인이 있었습니다. 물론 현 사무총장인 코피 아난도 아프리카 출신이지만 말입니다. 조지 부시가 전 유엔사무총장을 "긴 소매 옷을 걸친 갈리Bou-Bou Ghali"라고 빈정대며 불러도 아무도 이의를 제기하지 않았습니다. 하지만 미국 대통령이 이스라엘의 전 총리를 "이치 슈미치 라빈Itzy-Schmitzy Rabin"(슈미츠 균 라빈)이라 불렀다면 그렇게 장수할 수 있을지 의문입니다.

특히 극우가 유엔의 정책에 많은 반감을 품고 있습니다. 블랙호크 헬리콥터에 대한 환상이나 세계 정부로서의 권위 상실도 이와 적잖은 관계가 있습니다. 하지만 책임을 면하려는 잔꾀인 경우도 있습니다.

소말리아에서 자행된 잔혹 행위를 예로 들어보겠습니다. 이 잔혹 행위에 대해, 미국은 소말리아의 무고한 시민이 수천 명, 어쩌면 수만 명이 미군에게 희생당했다는 사실을 말없이 인정했습니다. 누군가 미군을 위협했다면 미군은 무장 헬리콥터라도 동원했을 것입니다. 하지만 이런 만행은 그다지 영웅적 행위로 여겨지지 않기 때문에 소말리아의 재앙을 미국은 순순히 실수였다고 인정한 것입니다.

마찬가지로 미국은 옛 유고슬라비아 내전을 모른 척하다가, 상황이 어느 정도 안정된 후에야 끼어들어 크로아티아와 세르비아를 실질적으로 분리시키는 역할을 맡았습니다. 미국은 이런 식으로 처신하기 때문에 유엔이 잘못한 것을 비난할 수 있는 것입니다. 아주 편리하지 않습니까!

유엔에 대한 반감을 사무총장에게 집중시키기란 그다지 어려운 일이 아닙니다. 유엔사무총장을 비난하고, 그에게 협조한 다른 나라들까지 싸잡아 비난합니다. 다른 나라들이 미국을 어떻게 생각하든 간에 그런 것에는 신경조차 쓰지 않습니다.

― 레바논의 유엔 관할 지역인 카나를 공격한 이스라엘을 신랄하게 비판한 유엔 보고서가 미국이 부트로스갈리에 대한 지지를 철회하게 된 결정적 요인이라 생각하십니까?

― 조금은 영향을 미쳤겠죠. 하지만 누가 그런 보고서에 관심을 가졌겠습니까? 그런 것은 거의 무시되는데, 큰 효과를 미쳤을지 솔직히 의문입니다. 국제사면위원회^{Amnesty International}도 유엔 보고서를 강력히 재확인하는 연구 보고서를 제출했습니다. 하지만 이 보고서는 순식간에 사라졌습니다. 그런 것이 있었는지조차 의문스런 지경입니다.

이 보고서들이 눈 깜짝할 사이에 이 땅에서 사라지는 이유는 뻔합니다. 강대국의 심기를 불편하게 만들기 때문입니다. 두 보고서의 내용은 상당히 충격적이었습니다. 로버트 피스크 같은 베테랑 현장 기자들이 확인해준 것이기도 합니다. 어쨌든 유엔 보고서 때문에 미국이 부트로스갈리에 대한 지지를 철회했다는 소문은 잘못된 것입니다.

미국이 국제기구들을 못마땅하게 여기는 기본적인 이유는 그 기구들이 미국의 뜻대로 움직이지 않기 때문입니다. 국제사법재판소^{ICJ}가 대표적인 예입니다. 국제사법재판소의 판결을 미국이 순순히 인정할 것이라 생각하십니까? 예를 들어, 국제사법재판소가 1986년 니카라과에 대한 "불법적인 무력 사용"이란 죄목으로 미국에 유죄판결을 내리며, 당장 무력 사용을 중단하고 상당한 금액의 배상금을 지불하라는 명령을 내렸습니다. 또한 반군에 대한 지원은 어떤 형태의 것이라도 "인도주의적인 것"으로 여겨질 수 없다고 명백히 판결을 내렸습니다. 이 판결에 미국 정부와 언론, 그리고 교육받은 여론 주도층이 어떤 반응을 보였나요? 구태여 대답할 필요가 없습니다. 시간이 아까우니까요.

ILO도 마찬가지입니다. ILO는 노동자의 인권을 지켜주는 기구입니다. 미국이 국제노동 기준을 위배한다며 비난하기도 합니다. 하지만 ILO는 이런 판결을 함부로 내리지 못합니다. 미국이 ILO에 미납한 1억 달러의 돈을 지불하지 않겠다고 위협하니까요.

미국은 UNDP와 FAO(유엔식량농업기구)도 쓸데없는 기구라고 생각합니다. 두 기구가 대부분 개발도상국을 위해 활동하기 때문입니다. 또한 개발도상국의 이익을 대변하면서 워싱턴의 정책을 비판하는 UNCTAD(유엔무역개발회의)도 미국의 위협 아래 길들여지고 있습니다.

유네스코^{UNESCO}가 세계 정보 시스템을 개방하자고 요구했지만 그 결과는 무엇이었습니까? 미국의 압력에 유네스코는 원래의 방침을 포기하고, 본연의 역할마저 크게 수정할 수밖에 없었습니다.

국제기구들에 대한 미국의 공격은 미국, 즉 세계에서 가장 강력하고 가장 부유한 나라의 뜻대로 세계를 재편하겠다는 의도입니다. 유엔은 잘못하는 것도 많지만 여전히 많은 부분에서 민주적으로 운영되는 기구입니다. 이런 기구를 미국이 용납해야 할 이유가 있겠습니까?

유엔에 대한 미국의 입장은 매들린 올브라이트의 발언에서 명확히 알 수 있습니다. 하지만 내가 아는 한 올브라이트의 그 발언은 어떤 언론에도 보도되지 않았습니다. 올브라이트는 유엔안전보장이사회에 압력을 넣어 이라크에 대한 무력 응징을 승인하게 만들려고 했습니다. 하지만 이라크의 무력 응징이 미국 국내 정책의 한 부분에 불과하다는 사실을 알고서 다른 나라들은 미국의 뜻에 동조하지 않으려고 했습니다. 그래서 올브라이트는 "미국은 가능하면 다른 나라들과 협력해서 행동하겠지만 반드시 필요하다면 단독으로라도 행동할 것이다"라고 그들을 위협했습니다. 힘이 있으면 어떤 나라라도 똑같을 것입니다.

— 미국은 유엔에 무려 10억 달러 이상을 미납하고 있습니다. 세계 어떤 나라보다 많은 액수입니다.

— 맞습니다. 부자가 아닌 다른 나라에 왜 돈을 써야 하느냐는 심보겠죠!

— WTO는 GATT(관세무역일반협정)의 후신입니다. WTO 체제에서는 미국이 마냥 행복할까요?

— 꼭 그렇지는 않습니다. 과거 GATT 체제에서도 그랬듯이, 미국은 WTO의 원칙도 기분 내키는 대로 위반해 벌써 여러 번 제소를 당했습니다. 하지만 전반적인 관점에서 미국은 WTO에 다소 우호적입니다. WTO는 자유주의와 보호주의를 적절히 혼합시킨 기구이기 때문입니다. 즉, 강력한 힘을 지닌 다국적기업과 금융기관의 욕구에 맞게 만든 기구입니다.

WTO를 잉태시킨 우루과이라운드UR는 자유무역협정이라 불리지만, 실제로는 투자자권리보장협정이라 불려야 마땅할 것입니다. 미국은 WTO 원칙을 앞세워 세상을 지배하려고 합니다. 게다가 마음에 들지 않는 규칙이 있다면 어떤 규칙이라도 무효화시킬 수 있는 위치에 있습니다.

예를 들어 설명해볼까요? 얼마 전 미국은 멕시코에 압력을 넣어 토마토 수출을 중단시켰습니다. 그 때문에 토마토 생산자들은 연간 10억 달러 가량의 손해를 감수해야 합니다. 그런데 그 이유가 무엇인지 아십니까? 미국

생산자들이 도저히 경쟁할 수 없는 가격으로 멕시코 생산자들이 토마토를 팔기 때문이란 것입니다. NAFTA와 WTO 협정의 명백한 위반입니다.

WTO가 헬름스-버턴 법안(쿠바에 대한 미국의 경제봉쇄조치를 강화한 법안)을 세계무역에 대한 불법적 간섭이라 비난한 EU(유럽연합)의 편을 들더라도 미국은 눈 하나 깜빡하지 않고 앞으로도 똑같이 행동할 것입니다. 요컨대, 힘이 있으면 어떤 짓이라도 할 수 있다는 논리입니다.

— NATO(북대서양조약기구)의 확대에 대해서는 어떻게 생각하십니까?

— 간단히 대답할 수 있는 질문이 아닙니다. 동유럽과 서아시아의 정치·경제 구조가 어떻게 변하느냐에 따라 달라질 수 있기 때문입니다.

앞에서 언급했듯이, 냉전이 끝났을 때 나는 구舊 소련이 예전의 상태로 되돌아갈 것이라 예상했습니다. 즉 체코공화국, 폴란드 서부, 헝가리 등 산업화된 서쪽 지역은 기본적으로 서유럽에 통합될 것이고, 다른 지역들은 소비에트연방 이전처럼 다시 제3세계로 전락해 가난과 부패와 범죄 등으로 신음할 것으로 예상했습니다. 따라서 체코공화국, 폴란드, 헝가리 등 부분적으로나마 산업화된 나라들을 NATO에 통합시키는 것은 내 예상대로 유럽을 재편하는 데 도움을 줄 것입니다.

하지만 적잖은 갈등이 있을 것입니다. 유럽과 미국은 그 지역에 대해 다른 기대감과 목표를 갖고 있습니다. 또한 유럽 국가들 사이에도 차이가 있습니다. 러시아도 호락호락한 나라가 아닙니다. 유럽이 무시해서도 안 되겠지만 러시아가 그런 따돌림을 간과하지도 않을 것입니다. 하여간 중앙아시아의 유전을 두고서 벌어지는 각축전과 같은 복잡한 역학 관계가 있을

WTO를 잉태시킨 우루과이라운드는 자유무역협정이라 불리지만,
실제로는 투자자 권리보장협정이라 불려야 마땅할 것입니다.
미국은 WTO 원칙을 앞세워 세상을 지배하려고 합니다.
게다가 마음에 들지 않는 규칙이 있다면 어떤 규칙이라도
무효화시킬 수 있는 위치에 있습니다.

것입니다. 중앙아시아의 주인들은 그 과정에서 큰 목소리를 내지 못하겠지만 말입니다.

NATO의 경우는 고려해야 할 다른 요인들이 있습니다. 군수산업체의 이해관계가 대표적인 예입니다. NATO의 확대에 따라 거대한 시장이 기대되고, 더불어 무기의 표준화 사업도 기대해볼 수 있습니다. 그런데 대부분이 미국에서 생산되는 무기이겠죠? 그럼 성실한 납세자들이 첨단산업체에 엄청난 보조금을 대야 한다는 뜻입니다. 산업 정책의 비효율성 때문에 말입니다. 한마디로, '부자들을 위한 국가사회주의'입니다.

4 민낯의 미국 지식인

|

물론 소칼의 비평이 건전한 면도 있겠지만,
그런대로 가치가 있는 의견이나 글을 공격하는 무기로 오용될 위험성도 있습니다.
소칼의 진의와는 상관없이 우파에게 학문의 자유와 지적 주체성을 공격할 수 있는
빌미를 주게 된 것입니다. 불행한 일이지만 우리는 이런 세상에서 살고 있습니다.
우리가 진정성을 갖고 하는 일마저도 권력자와
기관에 악용당하고 있는 실정입니다.

|

의미 없는, 좌익과 우익

— 역사적으로 좌익은 정치권력과 약간 상극이었습니다. 반면에 우익은 그런 금기가 없습니다. 우익은 정치권력을 원하는 집단이니까요.

— 나는 좌익과 우익, 이런 개념을 별로 좋아하지 않습니다. 좌익에는 레닌주의자도 포함되지만, 내 생각에 레닌주의자는 많은 점에서 극우에 가깝습니다. 레닌주의자들은 정치권력에 욕심을 냈습니다. 어느 집단보다 정치권력을 탐했습니다.

레닌주의는 좌익의 가치관과 전혀 관계없습니다. 오히려 좌익의 가치관과도 완전히 상반됩니다. 당시 안톤 판네쾨크, 폴 마틱, 카를 코르쉬 등 좌파 마르크스주의자들은 레닌주의를 그렇게 평가했습니다. 트로츠키조차도 레닌주의자들은 결국 독재로 귀결될 것이라 예측했습니다. 물론 그들과 손잡기로 결정하기 전이었지만 말입니다.

폴란드 태생의 독일 혁명가 로자 룩셈부르크도 똑같은 경고를 했지만, 혁명의 불길에 찬물을 끼얹고 싶지 않았던 까닭에 다소 호의 어린 어법을 구사했을 뿐입니다. 버트런드 러셀도 마찬가지였습니다. 한마디로, 대부분의 아나키스트가 레닌주의를 그렇게 경고했습니다.

좌익과 우익, 이런 전통적인 정치 용어는 이미 의미를 대부분 상실한 상태입니다. 너무나 왜곡되어 차라리 이런 용어 자체를 폐기하는 편이 더 낫습니다.

1980년대부터 아주 중요한 조직으로 활동하고 있는 '평화의 증인^{Witness for Peace}'을 예로 들어보겠습니다. 이들은 편한 삶을 버리고 제3세계의 마을에 들어가 삽니다. 하얀 피부가 이들의 고국이 꾸민 국가 테러에서 자신들과 주변 사람들을 보호해주리라 믿고 있습니다. 전에는 이런 사람들이 없었습니다.

이들은 좌익일까요, 우익일까요? 정의, 자유, 결속, 연민 등을 실천하고 있다는 점에는 이들의 꿈은 전통적인 좌익의 이상에 완전히 들어맞습니다. 그런데 이들 대부분이 보수적인 기독교 공동체 출신입니다. 나는 이들을 정치 스펙트럼에서 어디에 놓아야 할지 모르겠습니다. 이들은 그저 인간답게 행동하는 사람들일 뿐입니다.

최근 들어 '정치적 올바름^{political correctness}'이라 비난받는 주장도 원칙적으로는 좌익에 속합니다. 하지만 정치 활동을 전혀 하지 않는 보수적인 대학에서도 성, 인종, 피부색 등 민감한 문제에 대한 발언을 아주 세심하게 분석해서 판단하고 있습니다. 그럼 그들은 좌익입니까, 우익입니까? 나는 모르겠습니다.

프로파간다 시스템이 목표로 삼는 것의 하나가 바로 본연의 의미를 없애는 것입니다. 프로파간다는 상대적으로 의식적인 수준에서 시작하지만, 곧 당신의 골수까지 파고들어 당신의 무의식까지 지배합니다. 아주 신중한 계획 아래 이런 세뇌 작업이 진행됩니다.

최근에 내가 주목하는 극적인 예는 '이익^{profit}'이라는 단어가 사라진 것입니다. 이제 이익은 존재하지 않습니다. '일자리^{job}'만이 존재합니다. 클린턴이 인도네시아를 방문한 대가로 400억 달러의 계약서를 엑슨에게 선물보따리로 주었을 때, 미국 언론은 미국인을 위한 일자리를 만들었다고 환호했습니다. 하지만 이익은 엑슨이 차지할 거라고요? 그렇게 생각하면 시대에 뒤처진 사람입니다. 그렇습니다! 엑슨의 주가가 올랐지만, 오른 이유가 무엇인지 아십니까? 투자자들이 새로운 일자리 창출에 박수를 보냈기 때문이라고 합니다.

이렇게 의미를 없애버립니다. 좌익마저 이런 함정에 빠져들고 있습니다. 의원들이 펜타곤의 예산을 승인해준 이유도 그들의 지역구에 새로운 일자리를 만들고 싶어 하기 때문이라고 미화됩니다. 그런데 의원들이 진정으로 걱정하는 것이 일자리일까요, 아니면 대기업에 돌아갈 이익과 공공보조금일까요?

《뉴욕타임스 위크 인 리뷰$^{New York Times Week in Review}$》의 머리기사에서 아주 흥미로운 글을 읽었습니다. 스티브 포브스, 팻 뷰캐넌이 자주 쓰는 새로운 유형의 '포퓰리즘'은 과거의 포퓰리즘과 다르다는 것입니다. 과거의 포퓰리즘은 대기업과 금권정치의 반의어였지만, 새로운 포퓰리즘은 대기업인 동시에 금권정치입니다. 스티브 포브스 같은 인물이 국가적 인물로 대두되어도 웃음거리가 되지 않는 현실에서 우리는 프로파간다의 영향을 짐작할 수 있습니다.

작은 차이의 나르시시즘

— 《공통된 꿈의 황혼 *The Twilight of Common Dreams*》에서 토드 기틀린은 좌익이 정체성 정치로 분화되어 있다고 지적했습니다. 그의 표현을 따르면 좌익은 "작은 차이의 나르시시즘"에 빠져 있으며, "우익이 공통성보다 차이를 강화시켜 왔다면, 좌익은 공통성보다 차이를 키워왔다"라고 했는데요.

— 좌익은 파벌주의에 사로잡히는 경향이 있습니다. 하지만 내 생각에 기틀린은 20세기에 일어난 전반적인 현상을 지적한 것이지 전통적 의미에서의 '좌익'을 분석한 것이 아닌 듯합니다. 1960년대의 사회운동은 엄청난 파급효과를 불러일으켰습니다. 온갖 유형의 억압 그리고 억눌린 차별을 바깥으로 분출시켰습니다.

실제로 학계에서조차 쉬쉬하던 원주민 말살 문제가 처음으로 사회문제화 되기도 했습니다. 미래 세대의 권리와 밀접한 관계가 있는 환경문제, 타문화 존중, 페미니스트 운동 등은 과거에도 일정한 형태로 존재하기는 했지만, 본격적으로 논의되면서 전 세계로 확대된 때는 1970년대였습니다. 또한 1960년대의 폭발적인 사회운동이 없었더라면 중앙아메리카의 연대운동도 불가능했을지 모릅니다.

기틀린이 비판하고 있듯이, 억압과 권위와 권리 등에 대한 염려가 때때로 불건전한 형태를 띠기는 하지만 항상 그런 것은 아닙니다.

— 루이스 패러칸의 백만인 행진 *Million Man March*은 그 참여자가 인종만이 아니라 성으로도 제한되었다는 점에서 정체성 정치의 표본인 듯했습니다. 선생

님은 이런 정체성 정치를 어떻게 생각하십니까?

— 한마디로 대답하기 힘들 정도로 상당히 복잡한 현상이었습니다. 자립적 요소도 있었고, 생동감 있는 공동체와 삶을 재건하려는 색채도 띠었습니다. 자신이 하는 일에 책임을 지겠다는 책임 의식도 엿보였고요. 적어도 이런 점에서는 긍정적이었다고 말할 수 있습니다.

— 하지만 패러칸의 경제 프로그램은 작은 자본주의가 아닐까요?

— 경제 프로그램에 대해서는 연구를 많이 해보지 않았습니다. 하지만 파산 지경에 이르렀을 때는 작은 자본주의라도 일보 전진이 아닐까요? 작은 자본주의가 종착점일 필요는 없습니다. 그저 일보 전진으로 해석될 수도 있습니다.

내 생각에, 이 운동은 언론에 보도된 내용보다 훨씬 많은 의미가 있는 듯합니다. 다양한 방법으로 발전 방향을 모색할 수 있습니다. 결국 미래는 이 운동에 참여한 사람들이 어떻게 행동하느냐에 달렸습니다.

행진을 남자에게 국한시킨 이유가 여기에 있습니다. 지난 20년 동안 흑인들이 당한 고통을 생각해보십시오. 소수민족과 가난한 사람에게는 전쟁과도 다름없었습니다. 수많은 희생자들이 있었습니다. 레이건 정부 시대에는 "캐딜락을 타고 다니며 복지 기금을 챙기는 흑인 엄마"라는 빈정거림이 있었고, 윌리 호턴(살인죄로 복역 중인 윌리 호턴이 휴가를 나와 백인 여성을 성폭행한 사건이 대선 후보들의 질문에 이용되었다)은 대통령 선거에서 애꿎은 희생양이 되기도 했습니다. 마약과의 전쟁, 즉 마약이나 범죄와는 거의 상관없이 벌어진 사기극도 이런 맥락에서 시작된 것입니다.

마이클 톤리의 지적에 따르면, 마약과의 전쟁을 벌인 탓에 마약 소비량이 더 늘었습니다. 모든 지표가 실제로 그렇게 나타나고 있습니다. 톤리의 지적대로라면, 법리法理에서 의식적인 예지는 범죄행위를 의도했다는 증거로 해석됩니다.

톤리의 지적이 옳습니다. 마약과의 전쟁은 흑인 남성, 더 넓게 보면 미국의 속국이나 다름없는 라틴아메리카의 '일회용 국민' 중 일부를 범죄자로 만들려는 범죄행위였습니다. 그들은 부자들에게 이익을 안겨주는 데 조금의 도움도 되지 않는 존재들이기 때문입니다.

– 패러칸을 지나치게 의식하는 것은 아니십니까?

– 패러칸이란 인물에 대해 왈가왈부하고 싶지는 않습니다. 나는 그저 현상에 대해 이야기하고 있을 뿐입니다. 패러칸은 이번 기회에 조그만 권력이라도 잡아보려는 기회주의자일지도 모릅니다. 하기는 거의 모든 지도자가 그렇지 않습니까! 하지만 그의 진의까지야 알 도리는 없습니다. 그래서 그가 어떤 인물이라고 단정 지어 말할 입장은 아닙니다. 솔직히 나는 패러칸이 어떤 사람인지 모릅니다.

– 《네이션》과《배너티페어Vanity Fair》에 글을 기고하는 크리스토퍼 히친스는 "개인적인 것이 정치적인 것"이란 슬로건을 처음 들었을 때 최후의 심판이 임박한 듯한 느낌을 받았다고 말합니다. 그에게는 이 슬로건이 당신 자신과 당신의 운명에 대해서 말하는 것으로 충분하며 그 밖의 것들은 당신에

게 요구되지 않을 것이란 뜻으로 해석되어, 현실도피적이고 자기중심적인 것으로 여겨졌던 것입니다. 그리고 히친스는 정체성 운동의 성장 가능성에 대해서도 언급했습니다.

— 히친스의 생각에 동의합니다. 그 슬로건이 히친스의 해석대로 확대된 것은 사실입니다. 사실 그런 식으로 이용된 것도 사실입니다. 가끔 추악하고 희극적인 방법도 동원되었지만 말입니다. 하지만 그것을 그런 식으로만 해석할 필요는 없는 듯합니다. 예컨대, 우리에게는 어떤 억압이나 차별도 받지 않고 개인이 원하는 삶을 택할 권리가 있다는 뜻으로도 해석할 수 있기 때문입니다.

포스트모더니즘의 환상

— 뉴욕 주립대학교의 앨런 소칼 물리학 교수는 문화 연구 분야에서 미국 최고의 저널로 평가받는 《소셜텍스트 *Social Text*》에 흥미로운 논문을 게재했습니다. 미국 학계의 일각에서 지적인 엄격성이 쇠퇴해가는 풍토를 풍자하려고 그는 일부러 오류로 가득한 논문을 실었습니다. 선생님은 소칼의 이런 행위를 어떻게 생각하십니까?

— 소칼의 논문은 아주 정교하게 써졌습니다. 그는 첨단 물리학 저널들을 한 치의 오류도 없이 정확히 인용했을 뿐 아니라, 《소셜텍스트》를 비롯한 포스트모던 비평지들도 인용했습니다. 그리고 마치 첨단 물리학 저널들이

포스트모던 비평지들의 주장을 뒷받침해주는 것처럼 꾸몄습니다. 그 내용에 익숙한 학자라면 소칼의 논문을 읽으면서 낄낄대고 웃지 않을 수 없었을 것입니다.

소칼은 과학의 포스트모던 비평가들이 무지하기 이를 데 없다는 사실을 지적하고 싶었던 것입니다. 포스트모던 비평가들은 환상의 나래를 펴고 있지만, 이들의 비평에서는 최소한의 비평적 기준조차 찾아볼 수 없다는 것입니다. 물론 소칼의 비평이 건전한 면도 있겠지만, 그런대로 가치가 있는 의견이나 글을 공격하는 무기로 오용될 위험성도 있습니다.

실제로 소칼의 논문이 발표되자마자 《뉴욕타임스》와 《월스트리트저널》은 좌익 파시스트 정치적 교조주의가 학계마저 집어삼킨 증거라고 해석했습니다. 소칼의 진의와는 상관없이 우파에게 학문의 자유와 지적 주체성을 공격할 수 있는 빌미를 주게 된 것입니다.

불행한 일이지만 우리는 이런 세상에서 살고 있습니다. 우리가 진정성을 갖고 하는 일마저도 권력자와 기관에 악용당하고 있는 실정입니다.

─ 포스트모더니스트들은 현실 전복적인 비판을 구현하는 것이라고 주장합니다. 선생님은 이 주장에 동의하십니까?

─ 그 주장의 근거를 찾기가 어렵습니다. 물론 나에게 포스트모던 문학에 대한 지식이 많이 있는 것도 아닙니다. 게다가 포스트모던적인 글의 대부분이 그다지 계몽적인 글도 아니고, 뻔한 소리를 아주 복잡하게 꼬아놓은 것이라 생각하기 때문에 그런 글을 많이 읽는 편도 아닙니다. 하지만 포스트모더니스트들의 글에서도 읽고 받아들여야 할 부분이 없는 것은 아닙니

다. 분명히 있습니다. 어떤 과학적인 접근을 가능하게 한 사회·문화·제도적인 가정들은 분명히 연구할 만한 가치가 있습니다. 하지만 이런 연구서 중 쓸 만한 글은 포스트모더니스트들이 쓴 게 아니더군요. 적어도 내가 보기엔 말입니다.

예컨대, 과학계의 위대한 영웅인 아이작 뉴턴의 업적에 대한 연구가 지난 30~40년 동안 있었습니다. 그런데 뉴턴은 중력이론을 발견했지만, 뉴턴만이 아니라 당시의 모든 과학자가 중력이론을 완전히 이해하지는 못했습니다. 중력이 먼 거리에서도 작용하기 때문에, 뉴턴도 당대의 다른 과학자들과 마찬가지로 '신비로운 힘'이라고 생각했습니다. 뉴턴은 평생 동안 그 숙제를 풀려고 고심했지만, 현대 과학의 입장에서 결코 용인할 수 없는 결론으로 끝낼 수밖에 없었던 것입니다.

대표작인 《프린키피아*Principia*》의 마지막 판본에서, 뉴턴은 세상이 3가지로 이루어졌다고 말했습니다. 즉 활발한 힘과 소극적인 물질, 그리고 이 둘의 매개물로 기능하는 반영적半靈的인 힘입니다. 특히 반영적인 힘을 뉴턴은 여러 이유로 전기와 같은 것이라고 주장했습니다. 뉴턴은 교회사의 전문가이기도 했습니다. 엄밀하게 말하면 뉴턴의 관심사에서 물리학은 아주 작은 부분을 차지했을 뿐입니다. 하여간 반영적인 힘에 대한 뉴턴의 이론은, 예수를 완전한 신격체가 아니라 반신半神이라 주장하며 하느님과 인간의 중재자라 생각한 아리우스파의 해석에 뿌리를 두고 있습니다.

뉴턴이 세상을 떠난 후, 그가 생전에 쓴 글들은 케임브리지 대학의 물리학자들에게 건네졌습니다. 케임브리지의 물리학자들은 뉴턴의 글을 보고 등골이 오싹했던지, 곧바로 뉴턴의 가족들에게 되돌려주었습니다. 그 후 뉴턴의 유족들은 그 글을 보관하며 한 번도 공개하지 않았습니다.

그런데 1930년경 유족들은 뉴턴의 유물을 내다 팔기 시작했습니다. 케인스도 그 가치를 인식한 사람 중 하나였습니다. 제2차 세계대전 후 유물 중 일부가 골동품점에 나왔습니다. 학자들은 뉴턴의 글을 수집해서 정밀한 분석 작업에 들어갔습니다.

과학사에서 위대한 족적을 남긴 시기에 대한 사회·문화적인 분석이었습니다. 이와 같은 작업은 지금도 계속되고 있습니다. 우리는 사고의 틀 안에서 과학적 현상을 연구하게 마련입니다. 따라서 그 결과는 문화적 요인, 권력 구조 등 그 시대의 온갖 것에 영향을 받기 마련입니다. 누구도 이런 영향에서 벗어날 수 없습니다.

포스트모더니스트들이 혁파하려는 것은 '근본주의foundationalism'입니다. 즉 과학은 사회·문화적 현상과 별개의 것으로 절대적인 진리를 추구한다는 근본주의적 생각에서 벗어나려는 몸부림입니다. 하지만 1700년대 이후로 이런 생각을 믿는 사람은 없습니다.

— 내 경험에 따르면 포스트모더니즘을 표방한 글들은 의미를 파악하기 어려운 낱말들로 가득해서 읽기가 어려웠습니다.

— 나도 그렇습니다. 일종의 직업병인 듯하고, 참여에서의 회피처럼 읽혀졌습니다.

— 하지만 그들은 사회에 적극적으로 참여한다고 주장하는데요.

— 1930년대, 좌파 지식인들은 노동자 교육에 참여하면서《백만 인을 위한

수학*Mathematics for the Millions*》과 같은 평이한 책들을 썼습니다. 정식 교육을 받지 못해 고급 문화에 접근조차 못하는 사람들에게 도움을 주는 것이 자신들과 같은 특권계급이 가져야 할 최소한의 책임, 아니 당연한 책임이라 생각했던 것입니다.

그런데 요즘의 좌파 지식인들은 그저 입만 살았습니다. "아무것도 알 필요가 없다. 모든 것이 쓰레기다. 권력의 장난이고, 백인 남성의 음모다! 합리성과 과학이란 것은 생각지도 말아라!"라고 떠들어댈 뿐입니다. 즉, 적에게 연장을 쥐어주고 말라는 뜻입니다. 적이 어떤 짓을 하든지 상관 말고 제멋대로 하도록 내버려 두라는 뜻입니다.

명망 있는 좌파 지식인들은 이런 경향을 자유주의적인 현상이라 생각하지만 내 생각은 다릅니다. 좀 더 적극적으로 표현하면 이들이 틀렸다고 생각합니다. 내 오랜 친구인 마크 라스킨과 이 주제로 주고받은 서신들이 최근에 발표한 그의 책에 실렸습니다.《Z 페이퍼스*Z Papers*》의 1992~1993년 판에도 비슷한 서신들이 수록되었습니다. 마크를 비롯해 기본적으로는 내가 공감하는 철학을 가진 사람들이지만, 이 문제에서는 의견이 완전히 다른 사람들과 주고받은 편지들입니다.

언론의 외면과 숙명의 트라이앵글

— 적절한 표현인지는 모르겠지만 선생님은 오래전에 매스미디어에서 버림받았습니다. 물론 맨해튼의 어퍼웨스트사이드의 '계몽주의자*illuminati*', 그리고 그들이 주인처럼 행세하는《뉴욕 리뷰 오브 북스*New York Review of Books*》(보통

'뉴욕 리뷰'라 불린다)와 같은 출판물에서도 말입니다.

— 그런 것에 전혀 신경 쓰지 않습니다.

— 그 과정에 대해 말씀해주실 수 있을까요?

— 《뉴욕 리뷰》는 1964년에 시작되었습니다. 젊은 지식인들이 적극적으로 정치에 참여한 시기인 1967년부터 1971년까지는 《뉴욕 리뷰》도 피터 데일 스콧, 프란츠 셔먼, 폴 라우터, 플로렌스 하우, 그리고 나처럼 비판적인 사람들의 분석이나 서평에 개방적인 편이었습니다.

그런데 몇 년 전부터 이런 사람들이 완전히 사라졌습니다. 편집자들이 게임의 법칙을 완전히 파악하고 있다는 뜻으로 해석됩니다. 그들은 독자가 누구인지 잘 알고 있습니다. 독자 대다수를 차지하는 젊은 지식인들이 변하고 있음을 읽어낸 것입니다.

개인적으로는 1973년 말부터 내 이름이 《뉴욕 리뷰》에서 사라졌습니다. 닉슨과 키신저가 하노이와 '평화조약'을 체결했다고 발표한 때였습니다. 그때 《뉴욕타임스》는 호외까지 발행하여 평화조약의 전문과 키신저와의 인터뷰 기사를 내보냈습니다. 여기에서 키신저는 평화조약을 한 구절씩 철저하게 해석해주면서, "전쟁은 끝났다. 모든 것이 뜻대로 되었다"라고 말했습니다.

나는 뭔가 의심스러웠습니다. 3개월 전, 그러니까 1972년 10월에도 비슷한 이야기가 있었거든요. 미국과의 평화협정이 비밀리에 이루어지고 있다는 라디오 하노이의 발표가 있었습니다. 닉슨의 재선 운동이 막바지에 이른

때이기도 했습니다. 그때 키신저는 텔레비전에 출연해 "평화가 코앞에 있다!"라고 말했습니다. 그리고 평화협정문을 소개하며 그 내용 하나하나를 반박했습니다. 미국이 폭격을 계속하겠다는 의지를 분명히 한 것입니다.

언론은 키신저의 첫 마디, 즉 "평화가 코앞에 있다!"라는 말만을 집중적으로 부각시켰습니다. 이제 끝났다! 닉슨에게 투표하는 일만 남았다! 이런 말이었습니다. 키신저의 발언은 '우리는 평화협정에 신경 쓰지 않는다. 왜? 그런 회담을 원하지 않으니까. 우리는 더 많은 것을 얻을 때까지 폭격을 계속할 것이다'라는 뜻이나 다름없었습니다.

그리고 크리스마스 폭격이 있었습니다. 물론 큰 효과는 없었습니다. 오히려 많은 B-52 폭격기를 잃었고, 전 세계의 거센 저항에 부딪쳤습니다. 결국 미국은 폭격을 중단하고, 처음에 거부한 10월의 제안을 받아들였습니다. 언론이 이렇게 보도하지 않았지만 실상은 그랬습니다.

1월의 소동도 마찬가지였습니다. 키신저와 백악관은 어쩔 수 없이 평화조약에 서명을 했지만 기본적으로는 거부한다는 사실을 분명히 했습니다. 결국 더 많은 것을 얻을 수 있다면 언제라도 전쟁을 계속하겠다는 뜻이었습니다.

나는 화가 났습니다. 우연이었던지 그날 저녁 컬럼비아의 한 평화 단체에서 강연하기로 되었습니다. 나는 《뉴욕 리뷰》의 편집자인 로버트 실버스에게 전화를 걸어, 저녁식사를 함께 할 수 있는지 물었습니다. 우리는 《뉴욕타임스》의 호외에 실린 조약 전문을 두고 한두 시간 동안 이야기를 나누었습니다. 그들의 의도를 읽어내기란 그다지 어렵지 않았습니다.

나는 실버스에게 이렇게 말했습니다. "이 건에 대해 글을 쓰고 싶네. 아마 지금까지 내가 쓴 어떤 글보다 중요한 글이 될 거야. 자네나 내가 잘 알

나는 《뉴욕 리뷰》의 편집자인 로버트 실버스에게
전화를 걸어, 저녁식사를 함께 할 수 있는지 물었습니다.
우리는 《뉴욕타임스》의 호외에 실린 조약 전문을 두고 한두 시간 동안
이야기를 나누었습니다…하지만 그녀가 내 뜻을 이해하지 못했든지,
아니면 내 생각에 동의하지 않았든지 내 생각을
조금도 반영하지 않았습니다.

고 있듯이,《뉴욕타임스》가 진실을 덮어버리려 하지 않는가! 폭격과 살상이 앞으로도 계속될 거야. 미국의 기선 잡기 때문에 모든 것이 무너진 다음에는 그 탓을 전부 베트남 사람들의 책임으로 돌려버릴 거라고." 실제로 내 예상대로 되었습니다.

하여간 그때 실버스는 "걱정말게. 자네까지 나서서 글을 쓸 필요는 없어. 다른 사람의 글을 통해서라도 자네 생각을 전할 테니까!"라고 대답했습니다. 실버스는 프랜시스 피츠제럴드(여성 언론인)가 쓰기로 한 글을 생각하고 있었습니다. 하지만 그녀가 내 뜻을 이해하지 못했든지, 아니면 내 생각에 동의하지 않았든지 내 생각을 조금도 반영하지 않았습니다.

나는 곧바로 《램파츠^{Ramparts}》와 《소셜폴리시$^{Social Policy}$》에 연속으로 글을 실었습니다. 그것으로 《뉴욕 리뷰》와의 관계는 끝이 났습니다. 하지만 우리는 서로의 입장을 이해했습니다.

— 《네이션》에 지나치다 싶을 정도로 자주 글을 게재하고 계시던데요…….

— 그 관계도 복잡합니다. 내 기억이 맞다면, 1970년대 말까지는 《네이션》과 아무런 접촉도 없었습니다. 그때쯤 《네이션》에 서평을 쓰기 시작한 듯합니다. 그 후 그 잡지사는 간혹 나를 심포지엄에 초청했지만, 일정하게 거리를 두고 지냈습니다. 세상을 보는 시각이 같지 않았으니까요.

— 1980년대 말, 저는 빅터 나바스키를 인터뷰한 적이 있습니다. 특히 서남아시아에 대한 선생님의 관점이 자신을 곤란하게 했다고 말하더군요.

― 빅터 나바스키, 썩 마음에 드는 친구입니다. 언젠가 빅터가 내게 전화를 걸어, 독자들이 내 글을 싣지 않는 이유가 뭐냐고 따졌다고 하더군요. 그때 그는 내가 잡지에 싣기 어려울 정도로 장문의 글을 보냈기 때문이라고 대답하면서 슬쩍 넘어갔지만, 그때까지 나는 그에게 단 한 편의 글밖에 보내지 않았고 분량도 2쪽을 넘지 않았습니다.

그때가 아마 1982년 8월 중순, 그러니까 베이루트 폭격이 막 끝난 때였을 것입니다. 미래에 대한 전망, 즉 곧 그 지역에 평화가 찾아오고 모든 것이 원만하게 풀릴 것이란 주장이 난무할 때였습니다.

하지만 나는 주로 이스라엘 언론의 보도를 근거로 그게 다 헛된 몽상에 불과하며 미국과 이스라엘은 전쟁을 계속할 생각이고 앞으로 더 큰 잔혹 행위가 벌어질 것이라 주장하는 글을 썼습니다. 물론 당시에는, 몇 주 후에 사브라와 샤틸라 팔레스타인 난민촌에서 대학살이 자행될 줄은 꿈에도 몰랐습니다. 하지만 내가 예측한 대로 만행이 일어나고 말았습니다.

나는 그 글을 《네이션》에 보냈습니다. 하지만 가타부타 아무런 연락이 없었습니다. 내가 그때까지 그들에게 보낸 유일한 글이었습니다. 내가 《숙명의 트라이앵글*Fateful Triangle*》을 쓴 이유가 바로 이 때문이기도 합니다. 사브라와 샤틸라에 대한 글을 좌파 언론에도 실을 수 없는 내 무능력에 분노가 치밀었습니다. 그래서 책을 쓰는 게 낫겠다고 생각했습니다. 낮에는 다른 일로 바빠 거의 밤에만 한 줄씩 써가며 완성한 책이 바로 《숙명의 트라이앵글》입니다.

― 제가 선생님과 인터뷰를 한다니까, 선생님에게 자신의 글을 비판하는 사람들에 대해 어떻게 생각하는지 꼭 물어보라고 하더군요. 그래서 아주

진지한 학술 잡지인 《디센트^{Dissent}》에 실린 리처드 울린의 논문에 대해 말해 보려고 합니다. 이 논문에서 울린은 "《세계 질서, 과거와 오늘》은 이미 확인된 사실을 거듭 주장하고 인용 구절로 가득한 넋두리"라고 평가절하하며, 선생님을 이데올로기의 포로라고 혹평했습니다. 게다가 선생님의 관점은 극우의 관점과 일치하며, 선생님을 이스라엘을 향한 구태의연한 원한으로 가득찬 사람이라고 평가했습니다.

— 당신에게 울린의 평가가 설득력 있는 비판처럼 들린다면 무슨 변명을 하겠습니까? 하여튼 나는 그 논문에 아무런 반박도 하지 않을 생각이었습니다. 하지만 《디센트》에 관계하는 몇몇 친구들이 내게 반박의 글을 쓰라고 재촉하더군요. 그래서 욕설에 가까운 비난은 제쳐두고 제법 설득력 있게 들리는 몇 가지 점에 대해 반박하는 글을 썼습니다.

울린이 나를 비난한 이유는 별 것이 아닙니다. 내가 항상 미국을 '전체주의국가' 혹은 '파시스트'라고 매도한다는 것입니다. 그런데 《디센트》에 울린의 글이 게재된 시기에, 우연히도 그리스와 런던에서 나와 인터뷰한 기사가 실렸습니다. 두 곳에서 모두 똑같은 질문을 하더군요. 내가 해외에서 가장 자주 받는 질문 중 하나였습니다. "왜 당신은 미국을 세계에서 가장 자유로운 나라라고 말하는가?" 다른 나라 사람들은 내게 이렇게 질문합니다. 결국 내 글에서 그런 부분을 읽는다는 뜻입니다. 하지만 울린은 내가 미국을 전체주의국가이고 파시스트라고 비난하는 부분만을 읽은 모양입니다.

또 울린은 내가 오웰리즘^{Orwellism}(사실의 조작과 왜곡)을 이용한다고 비난했습니다. 아마 《동물농장$^{Animal Farm}$》의 서문에 해당되지만 발표되지 않은 오웰의 글에서 몇 구절을 인용했다고 그렇게 말한 듯합니다. 하기는 오웰이 필시 영국을 가리켰지만, 아주 자유로운 사회에서도 온갖 방법을 동원해서 반골적인 생각이 대중에게 알려지는 것을 막는다고 말한 것은 사실입니다.

부자들이 언론을 소유한 것이 그 원인 중 하나입니다. 부자들은 자신들에게 불리한 사상을 대중이 아는 것을 원하지 않습니다. 예컨대 옥스퍼드나 케임브리지를 다녀도, '말해서는 안 될 것'이 있다는 이상한 예법을 배웁니다. 이 예법을 배우지 않는다면 아무도 사회의 일원이 될 수 없습니다.

— 하지만 확인된 사실을 거듭 주장하고 인용구절로 가득한 책이라고 비난한 것에 대해서는 어떻게 생각하십니까? 그 자체가 선생님 글의 생명이라고 생각하는데요. 만약 선생님이 사실을 인용하지 않는다면…….

— 나만 그렇게 비난받는 것은 아닙니다. 좌파에 속한 평론가라면 그런 비난을 받는 것이 숙명이라 할 수 있습니다. 만약 모든 단어마다 주석을 붙이지 않거나 출처를 밝히지 않는다면 거짓말을 한다고 욕을 먹을 것입니다. 반대로 모든 단어마다 주석을 붙이면 쓸데없이 현학적인 체한다고 비난받을 것입니다. 오웰이 지적한 대로, 상대적으로 자유로운 사회에서도 권력자가 목적을 달성할 수 있는 방법은 많습니다.

5

더 나은 세계를 위하여

|

듀이는 "그림자가 약해진다고 본질이 바뀌는 것은 아니다" 라고 말했습니다.
이 말에 전적으로 동의하지만, 그림자가 약해지면
본질을 약화시킬 수 있는 근거를 마련할 수 있습니다. 내가 앞에서 언급했던
브라질 농민들의 슬로건, 즉 "새장의 바닥을 넓히자" 라는 슬로건을 생각해보십시오.
궁극적으로는 새장을 깨뜨려야겠지만, 새장의 바닥을 넓히는 것은
최종 목적을 향한 첫 걸음일 수 있습니다.

|

변화의 징후들

— 지난 20~30년 동안 동성연애자의 권리, 흡연, 음주, 총기 휴대, 동물 보호, 채식주의 등에 대한 새로운 입장이 주류 계급에서 싹트고 있습니다. 하지만 다른 분야에서는 이런 변화가 뚜렷이 보이지 않는 실정입니다.

— 30년 전에 비하면 사회가 상당히 문명화된 것은 부인할 수 없는 사실입니다. 광적인 행동도 없지는 않지만, 관용과 이해의 수준이 전반적으로 개선된 것은 사실입니다. 또한 타인의 권리, 다양성, 자신도 모르게 연루된 억압적 행위에 대한 인식도 크게 개선된 징후가 뚜렷합니다.

미국 사회의 원죄, 즉 원주민의 학살에 대한 입장 변화가 이런 변화상을 가장 설득력 있게 설명해줄 수 있으리라 생각합니다. '건국의 아버지'들이 가끔 원주민 학살을 비난하기는 했지만, 1960년까지는 이 사실을 언급하는 것조차 금기시했습니다.

어린 시절 나는 카우보이와 인디언 놀이를 즐겨 했습니다. 그래서 어른들이 나를 어린 급진주의자라고 말하곤 했습니다. 하지만 내 아이들은 이런 놀이를 거의 하지 않았고, 아마 내 손자들은 이런 게 있는지도 모를 것입니다.

돌이켜보면, 콜럼버스가 신대륙에 첫 발을 내딛은 위대한 사건을 축하하는 500주년 기념행사를 1992년에 치르지 못할지도 모른다는 좌절감 때문에 정치적 올바름에 대한 히스테리가 더욱 기승을 부리지 않았나 생각하기도 합니다. 어쨌든 지금 생각하면, 과거에 실제로 있었던 일을 더 잘 이해할 수 있습니다.

그렇다고 요즘 세계가 더할 나위 없이 좋다는 뜻은 아닙니다. 거의 모든 분야에서 과거보다 더 나아졌다는 뜻입니다. 1700년대에는 모두가 서로에게 위협을 느꼈습니다. 한 세기 전만해도 미국 노동자들의 권리는 폭력적인 탄압을 받았습니다.

50년 전만 해도 그리 좋은 세상은 아니었습니다. 남부에서 자행된 흑인 탄압은 부끄럽기 짝이 없었습니다. 여성이 택할 수 있는 길은 무척이나 제한적이었습니다. 상류층의 반유대주의도 대단했습니다.

내가 1950년경에 직접 경험한 사실이지만, 하버드에는 유대인 교수가 없었습니다. 아내와 내가 교외에 집을 구하러 다닐 때였습니다. 우리 마음에 드는 집을 고르면, 부동산 중개인에게서 "동네 사람들이 별로 반기지 않을 겁니다"라는 말을 들어야 했습니다. 물론 흑인들은 더 혹독한 대우를 받았습니다.

이른바 '즐거운 90년대Gay Nineties'라고 불리는 1890년대도 펜실베이니아 주 서부 지역의 노동자들에게는 그다지 즐거운 시기가 아니었습니다. 그들은 위대한 평화주의자라 추앙받는 앤드루 카네기와, 그가 홈스테드로 불러들인 주 정부군에게 거의 야만적인 탄압을 받으며 살아야 했습니다.

그로부터 50년이 지난 후, 즉 1930년대에야 그곳 사람들은 당시에 겪은 일을 세상에 알릴 수 있었습니다. 그곳에서 어린 시절을 보낸 사람들이 내게 증언해주었습니다. 그들의 부모와 조부모는 마지막 숨을 거둘 때까지 박해받은 사실을 말하길 두려워했다고요!

홈스테드 파업 이후 거의 30년이 지났을 때, 즉 1919년에는 펜실베이니아 주 서부에서 철강 파업이 있었습니다. 당시 90세이던 노동조합 운동가 마더 존스가 연설하려 강단에 올랐습니다. 하지만 그녀가 입도 떼기 전에 경찰은 그녀를 강단에서 끌어내 유치장에 가두었습니다. 잔혹하기 이를 데 없는 사건이었습니다.

'광란의 20년대Roaring Twenties'라고 일컬어지는 1920년대에 기업의 지배는 독재가 무색할 지경이었습니다. 정치학자 토머스 퍼거슨의 지적대로, 기업의 절대적 지배를 완성하기 위해 동원된 수단은 민주국가라면 상상할 수 없는 것이었습니다. 퍼거슨의 주장에 따르면 국가의 조직적인 탄압, 폭력, 노동조합의 파괴, 경영진의 잔혹한 지배가 있었습니다.

이 시기를 심도 있게 연구한 예일 대학의 노동사학자, 데이비드 몽고메리는 "근대 미국은 노동자의 저항으로 탄생했다"라고 결론지었습니다. "너무나도 비민주적인 미국에서 노동자의 치열한 투쟁"으로 근대 미국이 탄생했다는 뜻입니다. 1920년대라면 그리 먼 옛날도 아닙니다.

1960년대 초에 남부는 테러 국가나 다름없었습니다. 지금과는 전혀 달랐습니다. 한편 전 국민 의료보험도 1960년대에야 기본적인 틀을 갖추었습니다. 환경보호에 대한 관심은 1970년대에야 시작되었다고 보아도 무방합니다.

그 후 우리는 최소한의 의료보험 제도를 지키려고 안간힘을 다해왔습니다. 30년 전에는 지킬 만한 최소한의 의료보험 제도도 없었습니다. 그때에 비교한다면 많이 발전했습니다.

꾸준한 투쟁, 때로는 암울하게 보였던 좌절을 딛고 힘겹게 투쟁한 덕분에 이런 모든 변화가 가능했습니다. 물론 이런 새로운 변화가 때로는 왜곡되고, 때로는 억압하는 수단으로 돌변하기도 했습니다. 또한 출세 지상주의와 자기 권력 확대를 위한 수단으로 변질되기도 했습니다. 하지만 전반적 변화는 원대한 인류애를 목표에 둔 것입니다.

불행히도, 이런 변화의 물결에도 불구하고 권력의 핵심부는 변하지 않았습니다. 물론 주된 기관들이 이런 변화를 받아들이고 도와준 것은 사실입니다. 하지만 조건이 있었습니다. 자신들의 권력과 사회에 대한 지배력까지는 건드리지 않아야 한다는 조건이었습니다. 실제로 이들의 사회 지배력은 오히려 증대되었습니다. 결국 새로운 세계관으로 권력을 실질적으로 분산시키려면 더 큰 투쟁을 해야 할 것입니다.

― 선생님이 말씀하신 변화를 보여준 대표적인 예가 디즈니일 것입니다. 디즈니는 아이티와 같은 제3세계에서는 노동력을 착취하지만, 적어도 국내에서는 동성애자의 권리나 의료보험 등에서 아주 자유주의적인 입장을 띠고 있잖습니까?

― 과점 구조를 유지하려면 누구도 차별하지 않는다고 말해야 하는 법입니다. 그렇습니다! 모두가 평등합니다. 자신의 운명을 결정할 권리가 없다는 점에서 모두가 평등합니다. 소극적이고 무관심하며 순종적인 소비자가 되어야 하고 노동자가 되어야 한다는 점에서는 모두가 평등합니다. 물론 최상층 사람들은 더 많은 권리가 있습니다. 하지만 그들끼리는 평등합니다. 피부가 검은색이든 흰색이든 초록색이든 상관없습니다. 동성애자이든 이

성애자이든, 남자든 여자든 관계없이 그들끼리는 평등합니다.

— 밴쿠버의 강연에서 예정 시간보다 무척이나 뒤늦게 나타나셨다는 소문이 있습니다. 대체 무슨 일이 있었던 것입니까?

— 그 강연은 브리티시컬럼비아 주의 노동단체가 주최한 것이었습니다. 나는 저녁 7시에 강연하기로 되었습니다. 내 잘못입니다. 내가 시간을 충분히 두고 출발했어야 했는데……. 변명을 하자면 공항에서 발이 묶였습니다. 그래서 10시 30분, 아니 11시쯤에야 강연장에 겨우 도착할 수 있었습니다.
　놀랍게도 800~900명의 청중이 그때까지 나를 기다렸습니다. 청중들은 내가 미리 보낸 자료를 보면서 토론을 벌이고 있었습니다. 내가 강연을 한답시고 방해하고 싶지는 않았습니다. 어차피 늦었으니까요. 그들이 토론을 끝낸 후에야 나는 강연을 시작했습니다. 나는 신이 났습니다. 거의 두 시간 동안 쉬지 않고 강연을 계속했으니까요.

— 질의응답 시간이 끝나갈 무렵, 한 사람이 일어나 시스템의 힘에 대해 물었습니다. 그리고 그 힘을 변화시킬 방법에 대해서도 물었습니다. 그때 선생님은 "시스템은 취약하다. 강하게 보이지만 쉽게 변화시킬 수 있다"라는 요지로 대답했습니다. 선생님은 시스템의 취약점이 무엇이라 생각하십니까?

— 나는 시스템을 모든 차원에서 분석할 필요가 있다고 생각합니다. 전에도 언급한 적이 있지만, 다시 요약해보도록 하겠습니다.
　첫째, 국민은 시스템을 좋아하지 않습니다. 전에도 말했듯이, 미국인의

95퍼센트가 기업은 이윤을 낮춰서라도 노동자와 공동체의 복지에 힘써야한다고 생각합니다. 70퍼센트는 기업에 지나치게 많은 힘이 주어졌다고 생각합니다. 또한 80퍼센트 이상이 노동자에게는 충분히 말할 권리가 주어지지 않고, 경제 시스템은 본래 불공정한 것이며, 정부는 부자들의 편이기 때문에 제 역할을 해내지 못한다고 생각합니다.

둘째, 서구 사회에 주요한 권력체인 기업은 주 정부에서 설립 허가를 받습니다. 그런데 허가권을 주 정부에서 빼앗아 노동자나 공동체의 관리 아래 두는 법률 체계가 가능할 수 있습니다. 물론 이렇게 되자면 민주적으로 조직된 국민이 있어야 합니다. 안타깝게도 이런 꿈이 지난 한 세기 동안 이뤄지지 않았습니다. 지금껏 기업의 권리는 대부분 사법부와 법률가들이 부여했습니다. 입법부가 부여한 것이 아닙니다. 이런 시스템은 급속히 쇠퇴할 수 있습니다.

물론 법률 체계를 정비한다고 시스템이 단번에 와해될 수는 없습니다. 기존 경제 체제 내에서, 그리고 노동자와 공동체를 중심으로 한 체제 내에서 대안을 모색해야 합니다. 사회·경제 조직의 뿌리, 의사 결정과 통제 과정의 성격, 인권의 원칙 등에 대해 문제를 제기해야 합니다. 결코 간단한 일이 아닙니다.

셋째, 정부가 어느 정도 국민의 감시 아래 있기 때문에, 적어도 잠재적으로는 그 가능성이 있기 때문에, 정부도 변할 수 있습니다.

넷째, 세계경제에서 금융거래의 약 3분의 2가 미국, 일본, 독일이 지배하는 지역에서 이루어집니다. 다행스럽게도, 적어도 원칙적으로는 이 지역들은 국민에게 감시 기능이 있습니다.

— 국민을 결집시킬 수 있는 조직과 운동이 있어야 하지 않을까요?

— 국민이 건설적인 대안의 필요성을 인식하고, 그 대안을 실현시킬 메커니즘이 발동한다면 긍정적인 변화가 일어날 수 있을 것입니다. 또한 그런 변화에 대한 지지도 상당할 것입니다. 요즘 세상을 살펴보면 안타깝기 그지없습니다. 근본적인 변화를 기대할 수 없는 지경입니다. 이런 암울한 현실이 필연적인 것은 아닙니다. 그렇다고 긍정적인 변화가 막연히 언젠가 일어날 것이란 뜻도 아닙니다. 변화를 모색할 기회마저 포기해서는 안 됩니다. 기회는 반드시 찾아옵니다.

세상을 바꾸는 힘, 저항

— 언젠가 제2의 로자 파크스(백인에게 버스 자리 양보를 거부하며, 버스 승차 거부 운동을 촉발시킨 여성)가 다시 나타나 저항운동에 불길을 지피지 않을까요?

— 로자 파크스가 매우 용기 있고 지조 있는 여인인 것은 틀림없는 사실입니다. 하지만 그녀가 본능적으로 그렇게 행동한 것은 아니었습니다. 조직과 투쟁을 통해 충분히 교육을 받은 배경이 있었던 까닭에 그녀가 그렇게 행동했던 것입니다. 우리가 앞으로 발전시켜 나가야 할 것도 바로 이런 배경입니다.

— 미국 노동자들의 노동조합 가입률이 무척 낮습니다. 프랑스의 노조 가

입률은 더 낮지만, 총파업이 일어나면 노동자들의 참여는 놀라울 정도입니다. 온 도시가 마비되고, 나라 전체가 파업에 휩싸이니까요. 이런 차이를 어떻게 설명할 수 있을까요?

― 미국의 경우, 기업의 프로파간다가 그만큼 성공했다는 뜻으로 해석됩니다. 사람들 간의 관계를 단절시키고, 서로 도와야 한다는 의식까지 파괴했습니다. 미국은 홍보 산업이 유난히 발전한 나라입니다. 세계에서 가장 정교한 광고를 만드는 나라이기도 합니다. 또한 미국은 국제 오락산업의 고향으로, 오락마저도 프로파간다의 한 수단으로 사용됩니다.

이론적으로 순수한 자본주의사회가 불가능하더라도 미국은 자본주의사회의 종말을 향해 치닫고 있다는 느낌입니다. 기업의 힘이 점점 강해지고 마케팅에 엄청난 자금을 쏟아붓습니다. 언젠가 내가 말했듯이 마케팅은 근본적으로 일종의 조직화된 기만입니다. 물론 마케팅 비용의 대부분은 광고비이고 광고비는 소득공제를 받습니다. 따라서 국민이 자신을 속이고 통제하는 비용을 지불하는 셈입니다.

물론 광고는 '여론조작'을 위한 수법의 한 부분일 뿐입니다. 노동자들이 연대하는 것을 막는 법률적 장치도 여론을 분열시키는 수단입니다. 민주주의를 자칭하는 다른 산업국가들에서는 찾아볼 수 없는 법률적 장치가 미국에는 존재합니다.

― 1996년 랠프 네이더가 녹색당$^{Green Party}$ 대통령 후보로 출마했습니다. 노동당$^{Labor Party}$과 동맹당^{Alliance}도 창당 대회를 열었습니다. 신당$^{New Party}$도 후보들을 선거에 내보내 승리를 거두었습니다. 이 현상을 어떻게 생각하십니까?

— 새로운 정당의 후보가 정치계에 입문하는 것은 바람직한 현상입니다. 승리 가능한 지역구들을 목표로 삼아 연합 후보자들을 지원하면서, 해당 지역의 조직과 사회단체가 연대한 신당의 전략이 올바른 듯합니다. 물론 노동자에 기반을 둔 정당이라면 더욱 좋을 것입니다.

앞에서 언급한 정당들은 기본적으로 동일한 세력을 기반으로 하기 때문에 힘을 합해야만 합니다. 그렇잖아도 미약한 자원과 힘을 분산시키는 것은 결코 좋은 생각이 아닙니다. 캐나다의 신민주당New Democratic Party이나 브라질의 노동자당Workers' Party과 같은 정당을 결성하는 것도 가능한 일입니다. 풀뿌리 운동을 지원하고, 국민의 힘을 결집시키며, 필요하면 사회운동 단체가 정치 활동에도 참여할 수 있도록 보호막을 제공하는 정당을 결성하는 것입니다.

이렇게 된다면 지금과는 다른 세계로 발전할 수 있을 것입니다. 하지만, 두 파벌로 나누어진 하나의 대규모 기업 정당(민주당과 공화당)이 세상을 끌어가는 현실까지 뒤엎을 수는 없을 것입니다. 우리가 제도의 기본적인 구조를 민주화시키지 않는 한 현재의 정치 구조를 깨뜨릴 수는 없습니다.

존 듀이가 약 70년 전에 지적했듯이, "정치는 대기업이 사회에 드리운 그림자"입니다. 무책임한 민간 기업에 힘이 집중되는 한 정치는 우리에게 어둠을 던지는 그림자일 것입니다. 하지만 이 그림자를 최대한 이용할 수 있어야 합니다. 그림자를 이용해서 우리에게 그림자를 드리우는 기업의 힘을 약화시키는 전략을 세워야 합니다.

— 그런데 듀이는 "그림자의 약화"만으로는 충분하지 않다고 경고하지 않았던가요?

― 듀이는 "그림자가 약해진다고 본질이 바뀌는 것은 아니다"라고 말했습니다. 이 말에 전적으로 동의하지만, 그림자가 약해지면 본질을 약화시킬 수 있는 근거를 마련할 수 있습니다. 내가 앞에서 언급했던 브라질 농민들의 "새장의 바닥을 넓히자"라는 슬로건을 생각해보십시오. 궁극적으로는 새장을 깨뜨려야 하겠지만, 새장의 바닥을 넓히는 것은 최종 목적을 향한 첫 걸음일 수 있습니다.

이렇게 된다면 많은 것이 달라질 것입니다. 우리는 세상을 다른 식으로 이해하고, 다른 식으로 살게 될 것입니다. 참여의 형태도 달라질 것입니다. 또한 기존 제도의 한계도 깨닫게 될 것입니다. 이 모든 것이 그냥 얻어지는 것은 아닙니다. 투쟁을 해야 합니다.

물론 이 모든 것이 효과는 있겠지만 현재의 구조를 약화시킬 뿐이라는 것도 사실입니다. 이런 것만으로는 현재의 구조를 완전히 뒤바꿀 수 없습니다. 다만 기초를 놓을 뿐입니다. 하지만 사회적 연대를 무엇보다 중요하게 여기는 문화를 재건해서 강화시킬 수 있다면, 민간 기업과 국가권력의 사회 지배력을 약화시키는 방향을 향해 한 걸음씩 나아갈 수 있을 것입니다.

― 《네이션》의 커버스토리에서, 대니얼 싱어는 "국제금융기관과 유럽 국가들이 레이거노믹스를 채택하려는 명백한 움직임과 이에 맞서 싸우려는 유럽인들의 인상적인 저항"을 언급했습니다. 실제로 프랑스와 독일과 이탈리아에서 대규모 시위가 있었습니다. 또한 토론토에서는 무려 25만여 명이 모여 현재의 경제 기조에 항거하는 시위를 했습니다. 캐나다 국민의 1퍼센트가 토론토에 모인 셈입니다. 엄청난 수가 아닐 수 없습니다.

— 전 세계에서 그런 저항운동이 벌어지고 있습니다.

— 전통적으로 대학 캠퍼스는 저항운동을 주도한 장이었습니다. 그런데 UCLA의 한 연구에 따르면, 학생들의 사회참여 운동이 극히 저조할 뿐 아니라 정부와 정치에 대한 관심도 떨어졌다고 합니다. 게다가 학생들의 학문적 열기도 예전만 못하고… 텔레비전을 보는 시간이 늘어났다고 합니다. 선생님도 그렇게 생각하십니까?

— 수치만을 보고 그렇게 단정하는 것은 근시안적 분석입니다. 1950년대보다 낮습니까? 존 F. 케네디가 공군을 보내 남베트남을 폭격했던 1961년보다 낮습니까? 그때 공습을 비난하며 세상을 고민한 학생은 거의 없었습니다.

1960년대 중반, 내가 베트남전쟁을 주제로 강연했을 때 우리는 학생들이 강연장을 찾을 것이라 기대하지도 않았습니다. 학생들은 무관했거든요. 그저 정부 정책을 비난하는 '매국노'들을 간혹 공격하는 어용 학생들을 제외하고는요. 역사적으로 중요한 학생들의 사회참여 운동은 1960년대 후반에야 있었습니다. 요컨대 학생들의 사회참여는 결코 '전통'이 아닙니다.

— 1980년대 말에 일어난 반^反아파르트헤이트 운동은 어떻게 생각하십니까?

— 정말 중요한 운동이었습니다. 하지만 80년대에만 반아파르트헤이트 운동이 있었던 것은 아닙니다. 중앙아메리카 연대 운동은 그 뿌리가 훨씬 깊

습니다. 물론 학생들도 참여했지만 운동의 핵심 조직은 아니었습니다. 유명한 대학들보다 아리조나 주와 캔사스 주 등지의 교회가 더 적극적으로 참여했습니다.

학생운동이 퇴조하고, 아울러 학문에 대한 열기도 식은 것은 학생들의 잘못이 아닙니다. 그 원인은 우리 사회에 있습니다. 앞에서 언급했듯이 로버트 퍼트넘의 연구에 따르면, 1960년대 이후로 사람 사이의 교제가 50퍼센트 정도 줄었다고 합니다. 이웃을 방문하고 사친회 모임에 참석하며 볼링 그룹에 참여하는 횟수가 줄어들었습니다. 그의 결론은 논란의 여지가 있지만 이런 현상적인 지적은 곱씹어보아야 할 것입니다.

— 비동맹운동nonaligned movement에 대해서는 어떻게 생각하십니까?

— 1950년대에 제3세계의 일부 지도자들은 비동맹 노선을 추구했습니다. 식민지의 독립, 그리고 미국과 소련의 갈등에서 비롯된 정책 노선이었습니다. 이제 이런 추세는 많이 사라졌습니다. 세계경제에 현격한 변화가 있었고, 냉전이 끝나면서 초강대국들의 경쟁도 사라졌기 때문입니다. 소련의 위협이 사라지면서, 서방세계도 더 이상 다른 나라들을 돕는 데 관심이 있는 척할 필요가 없어졌습니다.

비동맹운동의 퇴조, 또한 서구 사회민주주의의 퇴조는 같은 그림의 두 모습이라 할 수 있습니다. 둘 모두 현대 사회·경제 제도의 급격한 변화에 따른 결과입니다. 근본적으로 전체주의적 성격을 띤 무책임한 집단들의 손에 점점 많은 권력이 쥐어진 결과입니다. 이 집단들은 대개가 민간 기업이지만 국가 권력에 크게 의존하고 있습니다.

— 그럼 비동맹운동이 완전히 끝난 것이라 말할 수 있을까요?

— 1990년대 초, 비동맹국가들의 정부 장관으로 결성된 남반구위원회^{South} ^{Commission}는 반민주적인 신자유주의 모델이 제3세계에 강요되는 것을 신랄하게 비판했습니다. 이 위원회가 인도네시아의 개발부 장관을 비롯해 상당히 보수적인 인물들로 구성되었는데도 말입니다.

이들은 민주주의와 정의 그리고 개발 등을 기초로 한 새로운 세계 질서를 요구하는 책자를 발간했습니다. 조지 부시보다 먼저 그들이 '새로운 세계 질서'라는 용어를 사용했습니다. 무지몽매한 소리를 나열한 책이 결코 아닙니다. 그 책이 옥스퍼드대학 출판부에서 출간되었다는 사실만을 지적해두겠습니다. 하여간 나는 그 책에 대한 서평을 썼지만 다른 사람들의 서평은 어디에서도 읽을 수 없었습니다. 그 후 이들은 첫 책을 평가한 시론을 모아 다시 책으로 발간했습니다. 이번에도 그 책에 대한 언급은 어디에도 없었습니다.

남반구위원회가 우연히 세계인의 입장을 대변한 꼴이 되었지만, 이들의 주장은 서구 언론이 듣고 싶어 하는 이야기가 아니었습니다. 따라서 우리가 배운 '새로운 세계 질서'는 조지 부시가 주장하는 것이지, 세계인 대부분의 이익을 대변한 남반구위원회가 말하는 '새로운 세계 질서'가 아닙니다.

— 1950년대에는 네루, 나세르, 티토, 은크루마, 수카르노 등 비동맹 노선을 취한 지도자가 많았는데요…….

— 미국 정부는 그들 모두를 미워하고 증오했습니다.

— 하지만 새로이 독립한 국가에서 지적 운동이 활발했던 시기도 있었습니다. 아밀카 카브랄이나 프란츠 파농과 같은 사람들이 언뜻 머리에 떠오릅니다. 하지만 요즘에는 이런 지적 운동이 그다지 눈에 띄지 않습니다.

— 지적 운동은 여전히 활발합니다. 하지만 그 시대만큼의 열정과 낙천성은 없는 듯합니다. 물론 파농을 그다지 낙천적 지식인이라 평가하는 사람은 드물지만 말입니다.

— 그 당시에는 혁명적 격렬함 이상이 있지 않았습니까?

— 그랬습니다. 그 시대에는 혁명적 격렬함을 훨씬 뛰어넘는 열정이 있었습니다. 하지만 그 이후, 제3세계에 극단적 테러가 불어 닥치면서 많은 국민에게 상처를 주었다는 사실을 기억해야 합니다. 그때마다 미국이 주된 역할을 했고요.

중앙아메리카의 예수회 사람들은 아주 용기 있습니다. 물론 이들은 진정한 저항운동가이기 때문에 미국 언론에서는 좀처럼 언급되지 않습니다. 끔찍하게 살해된 경우에나 짤막하게 언급될 정도입니다. 이들의 글조차도 소개되지 않는 실정입니다.

1994년 1월, 즉 엘살바도르의 총선 직전에 이들은 '테러 문화'를 주제로 콘퍼런스를 열었습니다. 그리고 단순히 많은 사람을 죽이고 위협하는 것 이상으로 테러가 국민에게 깊은 영향을 끼친다고 발표하며, 이를 "열망 길들이기domestication of aspirations"라고 명명했습니다. 국민에게 희망을 잃게 만든다는 뜻이었습니다. 요컨대 뭔가를 변화시키려는 사람은 가차 없이 죽임을

당하므로, 결국 아무도 노력하지 않게 된다는 것입니다.

그런데 바티칸이 예수회의 이런 몸부림에 철퇴를 가했습니다. 라틴아메리카 교회의 진보적인 행동을 거부한 것입니다. 이들의 행동이 "가난한 사람을 지나치게 감싸고 목소리 내지 않는 사람을 지나치게 대변하고 있다"라고 비난하며, 교구마다 우익 색채가 짙은 주교들을 임명했습니다. 《뉴욕 타임스》는 이에 대한 기사를 보도했지만, 아주 중요한 사실을 슬쩍 빼놓았습니다. 미국의 역할을 전혀 언급하지 않은 것입니다.

1995년 엘살바도르에서, 교황은 우익계 가톨릭 종교 단체인 오푸스 데이 Opus Dei 소속 에스파냐인을 대주교로 임명했습니다. 이 대주교는 가난한 사람들에게 "사회적 조건에 대해서는 걱정하지 마라. 죄를 짓지 않으면 내세에서 평온한 삶을 누릴 수 있으리라"라고 말했습니다. 로메로 대주교가 암살당하고, 1980년대 미국이 주도한 야만적 전쟁으로 수십 명의 신부와 주교와 수녀, 그리고 수십만 명의 애꿎은 사람이 죽었는데도 말입니다. 물론 이 전쟁의 주된 목적은 가난한 사람에 대한 엘살바도르 교회의 지나친 관심을 억누르는 것이었습니다. 그런데도 새로 임명된 대주교는 군부가 선물한 준장 계급을 덥석 받아들이며, 군부가 제도적 기관으로 "오류를 범한 적이 없으며 이제 죄를 깨끗이 씻었다"라며 군부를 변호해주었습니다.

이런 일들이 사방에서 일어나고 있습니다. 인도네시아에서는 수백만 명이 공산당을 추종했습니다. 보수적인 인도네시아 전문가들까지도 공산당이 가난한 사람들의 이익을 대변했기 때문에 강력한 세력을 구축할 수 있었다고 인정합니다. 그런데 1965년, 수하르토 장군과 그 추종자들이 수십만 명의 땅 없는 농민들을 학살하고 공산당을 깨끗이 쓸어내 버렸습니다.

그 후에도 수하르토 일당은 테러와 고문, 학살과 부패 등에서 세계 기록을 세워 나갔습니다. 그런데 클린턴 정부는 수하르토를 "우리와 생각을 같이 하는 사람"이라고 묘사했습니다. 놀랍게도 아주 인상적인 민중의 저항이 인도네시아에서 계속되고 있습니다. 하지만 미국 언론은 이 소식을 거의 다루지 않습니다.

— 언젠가 선생님은 이렇게 말씀하셨습니다. "교육받은 계층이 군사 열병에 참여하면, 의식 있는 사람들은 이들을 세 부류로 나눈다. 열병에 참여해 행진하는 사람, 도로변에서 박수를 치는 군중의 일원인 사람, 그리고 열병을 비난하는 사람으로 나뉜다." 물론 마지막 부류는 그 대가를 치루지 않아도 된다는 확신이 있을 때나 가능하겠지만 말입니다.

— 맞습니다. 2000년 인류 역사 동안 그랬습니다. 가장 오래된 기록을 보더라도 그렇습니다. 열병에 참여하지 않는 사람들에게 어떤 일이 일어났습니까? … 소크라테스처럼 말입니다. 성경에 기록된 지식인들, 성경의 표현을 빌면 '선지자'들은 어떻게 되었습니까?

두 유형의 선지자가 있었습니다. 하나는 왕에게 아첨하며 열병에 참여하거나 인도에서 박수를 친 선지자들입니다. 그들은 한결같이 존경받고 극진한 대우를 받았습니다. 물론 시간이 한참 지난 후에는 거짓 선지자라고 낙인찍혔지만, 그 당시에는 편안하게 살았습니다. 한편 아모스처럼 선지자도 아니고 선지자의 아들도 아니며, 그저 가난한 목자牧者라고 주장한 사람들도 있었습니다.

아모스와 같은 진정한 선지자, 즉 '반골 지식인'들은 도덕적 교훈을 주기도 했지만 지정학적 분석까지 했습니다. 권력자들은 도덕적 교훈도 싫어했지만, 정확하기 이를 데 없던 지정학적 분석은 더더욱 싫어했습니다. 이런 점에서, 진정한 선지자들이 미움을 받고 투옥되거나 사막으로 추방된 것은 당연한 결과였습니다.

그런데 민중도 진정한 선지자들을 증오했습니다. 진실의 소리를 듣고 싶어 하지 않았습니다. 이들이 나쁜 사람들이어서가 아닙니다. 그저 평범한 이유들, 예컨대 눈앞의 이익을 탐하고, 권력자들에게 조종당하며 의존하는 삶을 살아야 했기 때문입니다.

인터넷과 마법의 열쇠

— 인터넷이 사회 문제를 해결할 수 있는 최고의 수단이라는 소리를 자주 듣습니다. 선생님은 인터넷을 어떻게 생각하십니까?

— 인터넷은 신중하게 다루어져야 합니다. 다른 기술과 마찬가지로, 인터넷도 많은 장점과 많은 단점을 동시에 지니고 있습니다. "망치는 좋은 것이냐, 나쁜 것이냐?"라고 물을 수 있겠습니까? 집을 짓는 사람의 손에 쥐어진다면 망치는 좋은 것입니다. 하지만 고문하는 사람의 손에 쥐어진 망치는 나쁜 것입니다. 인터넷도 마찬가지입니다. 하지만 좋은 목적에 사용하더라도 인터넷이 모든 것을 해결해주는 수단일 수는 없습니다.

— 우리가 무엇인가를 할 때, 올바른 전략을 세우기 위해서라도 장기적인 목표에 대한 분명한 생각을 가져야 한다고 보십니까?

― 우리는 시행착오를 통해 배웁니다. 지금 아는 것만 가지고, "자유주의 사회를 설계해보자!"라고 말할 수도 없고, 그런 사회를 지금 당장 만들 수도 없습니다. 목적을 향해 한 걸음씩 나아가게 해줄 수 있는 통찰력과 이해력을 먼저 갖추어야 합니다. 삶 자체가 그렇듯이, 우리는 무엇인가를 하면서 배웁니다. 다른 사람들과 관계를 맺고 조직을 만들어보십시오. 그럼 새로운 문제가 생기고, 새로운 해법과 새로운 전략이 나오기 마련입니다.

누군가 어디에나 적용되는 만능 전략을 만든다면 모두가 기뻐할 것입니다. 하지만 인류의 역사에서 그런 전략이 있었다는 기록은 없습니다. 만약 마르크스에게 "자본주의를 전복시킬 수 있는 전략이 무엇입니까?"라고 물었다면, 십중팔구 그는 껄껄 웃고 말았을 것입니다.

레닌처럼 뛰어난 책략가도 그런 전략을 만들지 못했습니다. 그저 "나를 따르라!"라고 주장했을 뿐입니다. 레닌과 트로츠키는 상황에 따라 적절한 전략을 택했을 뿐입니다. 국가권력을 탈취하겠다는 일념으로 말입니다. 하지만 나는 국가권력을 탈취하는 것이 우리의 목표라고는 생각하지 않습니다.

독재적인 기구들을 이겨낼 수 있는 보편적 전략이란 것이 어떻게 있을 수 있겠습니까? 맞는 말입니다. 하지만 이 말은 참여하기를 원치 않는 사람들이 대개 하는 반문이자 자기변명입니다. 먼저 참여하십시오! 그럼 당신이 해결할 수 있는 문제들이 줄지어 불거질 테니까요.

하지만 무작정 단추를 누른다고 획기적인 변화가 생기는 것은 아닙니다. 자기 계발도 필요하겠지만 주변 사람들의 이해력을 높이고 인간관계를 발전시키는 헌신적이고 집중적인 노력이 있어야 합니다. 또한 지원 단체와 대안적 기구도 만들어야 합니다. 그렇게 할 때, 변화가 서서히 나타날 것입니다.

— 《실질적인 평등*Virtual Equality*》을 쓴 우르바시 바이드는 "순수 좌파"를 매섭게 비난했습니다. 이들은 카리스마를 지닌 지도자와 완전한 비전만이 유일한 해답이라 생각하여 아무런 행동도 취하지 않는다고 말입니다.

— 바이드의 주장에 나도 공감합니다. 카리스마를 지닌 지도자를 기다리는 것, 완벽하고 완전한 해답을 무작정 기다리는 것은 좋은 대안이 아닙니다. 설령 그런 지도자가 나타난다면 오히려 재앙이 닥칠 것입니다. 과거의 역사가 그렇게 말해주고 있잖습니까!

민중의 행동과 참여로 무엇인가를 이루어내는 것이 더 건전한 방향일 것입니다. 설사 아무런 변화를 끌어내지 못하더라도, 변화를 위한 기초는 놓을 수 있을 테니까요. 다른 방법은 없습니다.

— 선생님은 상의하달식 전략이나 운동이 내재적 한계를 지닌다고 줄곧 말씀해오셨는데요…….

— 상의하달식 전략이나 운동은 일정한 조직을 유지하는 데는 상당한 효과가 있습니다. 예컨대 조직화된 리더십, 통제와 관리, 권위 등을 유지하는데 말입니다. 하지만 지도부가 일사분란함을 요구하며 전체주의적 성격을 띨 위험성이 큽니다.

— 하워드 진에 따르면, 진정한 사회 변화에는 시간이 걸립니다. 따라서 우리는 단거리 선수가 아니라 장거리 선수가 되어야 합니다. 하워드 진의 이런 주장을 어떻게 생각하십니까?

우리는 천천히 목표를 향해 나아가야 합니다.
우리가 내딛는 다음 걸음이 대중의 인식과 생각에 이미 자리 잡고 있는 것과
대중이 성취하고자 하는 것을 더 확실하게 다져주고,
그 목표를 성취할 수 있는 조건과 상황을 더 유리하게
바꿔갈 수 있어야 합니다.

— 전적으로 동의합니다. 1960년대 학생운동이 대표적인 예입니다. 당시 학생들이 참여할 만한 조직화된 좌익 단체, 민중에 기반을 둔 좌익 단체가 없었습니다. 게다가 학생운동의 지도자들은 때로는 너무 어린 학생이었습니다. 물론 모두가 훌륭하고 착실한 학생이었지만, 대다수가 단편적인 생각에서 벗어나지 못했습니다. "미국을 공격하자! 보름 동안만 공공건물을 폐쇄하자. 그럼 우리는 혁명을 이뤄낼 수 있을 것이다"라고 생각했던 것입니다.

하지만 세상은 그들 생각처럼 그렇게 만만치 않았습니다. 우리는 천천히 목표를 향해 나아가야 합니다. 우리가 내딛는 다음 걸음이 대중의 인식과 생각에 이미 자리 잡고 있는 것과 대중이 성취하고자 하는 것을 더 확실하게 다져주고, 그 목표를 성취할 수 있는 조건과 상황을 더 유리하게 바꿔갈 수 있어야 합니다.

우리가 이미 거둔 열매를 지켜줄 사회적 기반을 닦아놓지 않은 채, 우리 자신만이 아니라 다른 사람들까지 위험으로 내몬다는 것은 무의미한 짓입니다. 이런 덧없는 저항을 게릴라 운동에서 많이 보지 않았습니까! 민중의 지원이 없다면 권력자에게 무참히 당할 뿐입니다. 68혁명의 정신 중 많은 부분이 그렇게 사라졌습니다. 그 운동에 참여한 사람들에게는 재앙이나 다름없었습니다. 그들이 우리에게 남겨준 슬픈 유산입니다.

— 청중이 달라지면 선생님 강연에 대한 반응도 다르겠지요?

— 해가 거듭될수록, 엘리트층을 상대로 한 강연과 그렇지 못한 사람들을 상대로 한 강연에서 뚜렷한 차이를 인식하게 됩니다. 얼마 전, 매사추세츠 주의 한 도시에서 강연할 기회가 있었습니다. 도시 공동체를 운영하는 홀

룡한 사회운동가가 마련한 강연이었습니다. 청중은 무척 가난한 사람들이었습니다. 미국이 아니라 세계를 기준으로 보더라도 상당히 가난한 축에 속하는 사람들이었습니다. 내가 서벵골 주의 시골 마을을 다녀온 지 얼마 지나지 않은 때였고, 콜롬비아에도 다녀온 때였습니다. 콜롬비아에서는 끔찍한 조건에서 일하는 인권 운동가들을 상대로 강연을 했습니다.

이런 곳의 사람들은 "내가 뭘 해야 합니까?"라고 묻지 않습니다. "나는 이런 일을 하고 있습니다. 어떻게 생각하십니까?"라고 말합니다. 그리고 내가 반응을 보이고, 어떤 제안을 해주길 바랍니다. 하지만 이들은 이미 자신들의 문제를 다루고 있습니다. 이들은 넋 놓고 앉아 마법의 답을 기다리지 않습니다. 마법의 답은 존재하지 않으니까요.

한편 엘리트들을 상대로 한 강연에서는 "해결책이 무엇입니까?"라는 질문을 곧잘 받습니다. 그럼 나는 "당신 철학이 무엇인지 돌아보고, 그런 철학을 구현하려고 애쓰는 단체의 자원봉사원이 되라!"고 대답합니다. 하지만 이런 대답은 이들이 원하는 것이 아닙니다. 이들은 모든 문제를 한꺼번에, 신속하게, 그것도 효율적으로 해결할 수 있는 마법의 열쇠를 원합니다. 하지만 그런 해결책은 없습니다. 매사추세츠 주의 몇몇 마을, 인도의 자치 마을, 콜롬비아의 예수회에서 묵묵히 해내고 있는 일들이 그런 해결책을 향한 첫 걸음일 뿐입니다.

극단적으로 취약한 조건에서, 가혹한 탄압까지 받으면서 삶의 문제를 해결하는 데 적극적으로 참여한 사람들이 가끔 포기하기도 합니다. 안타까운 일입니다. 하지만 많은 사람이 꾸준히 투쟁하며 변화를 만들고 있습니다.

미국의 역사도 마찬가지입니다. 지금 미국은 공공 의료 제도, 사회복지 제도, 환경권, 노동자의 권리 등을 지켜야 하는 현실적인 문제에 직면했습니다. 먼 과거까지 갈 것도 없습니다. 이 권리를 처음 쟁취하려고 모든 시민이 노력한 시대가 있었습니다. 그리고 커다란 변화가 있었습니다. 이런 권리를 처음 쟁취하는 것보다 지키는 것이 더 쉽지 않겠습니까!

지금의 권리들은 민중이 참여하고 투쟁해서 얻은 결실입니다. 이 권리들을 쟁취할 다른 방법이 있지만, 이 방법은 어두운 비밀의 방에 감추어진 듯 특권층은 그 방을 열어보려고도 하지 않습니다. 그들은 모든 일을 신속하게 해결해주는 마법의 열쇠를 원하니까요.

행동하는 조직의 힘

— 마이클 무어는 〈로저와 나Roger and Me〉라는 다큐멘터리 영화를 제작했고, 〈TV 네이션TV Nation〉이란 텔레비전 시리즈물도 제작했습니다. 한편 《이것을 줄여라!Downsize This!》라는 책에서 그는 "좌익이 따분하고 푸념이나 낑낑거리고 해대며 지나치게 부정적이기 때문에 국민이 좌익에게 등을 돌리는 것"이라고 말했습니다. 이 평가에 대해 어떻게 생각하십니까?

— 하워드 진이 "푸념이나 낑낑거리고 해대며" 사람들을 따분하게 만든다고 생각하십니까? 나는 그렇지 않다고 생각합니다. 물론 그런 사람들이 왜 없겠습니까! 또한 부인할 수 없는 사실인 만큼 그들이 극복해야 할 문제이기도 합니다.

앞에서도 언급한 브라질 시민 단체의 예를 생각해보십시오. 그들은 영상 프로그램을 만들어 마을마다 돌아다니며 상영했지만 따분한 내용 때문에 주민들에게 외면당했습니다. 그들은 주민들에게 제작권을 맡겼습니다. 그들은 기술적 지원만을 했습니다. 주민들이 만든 프로그램은 따분하지 않았습니다. 실감나는 내용이었습니다. 그러자 주민들이 되돌아왔습니다.

올바른 접근법이 아닐 수 없습니다. 똑같은 논리로, 지식인의 책임에 대한 글을 쓰는 사람이라면 그도 당연히 책임을 떠맡아야 합니다. 밖으로 나가 사람들과 함께 일해야 합니다. 사람들에게 필요한 것은 물심양면으로 도와주고, 배울 것은 배워야 합니다.

— 선생님은 인도, 브라질, 아르헨티나 등에서 풀뿌리 운동을 지켜보셨습니다. 이들에게 미국이 무엇을 배울 수 있을까요?

— 그들은 큼직한 문젯거리가 끊이지 않지만, 그들의 사회는 매우 활기차고 역동적입니다. 그래도 나는 그들이 "우리가 엄청난 빚을 졌어. 그러니까 작은 정부를 만들어야 해"라는 착각에 사로잡혀 있다는 생각입니다. 무엇보다, 그들은 아무런 빚도 지지 않았다는 사실을 깨달아야 합니다. 기업은 부조리한 민간 독재자라는 사실을 미국인들이 깨달아야 하듯이 말입니다.

미국인들은 우선 지적으로 자유로워져야 합니다. 혼자서는 이루어낼 수 없습니다. 과학자가 다른 과학자들과 공동 작업을 하면서 새로운 것을 깨우치듯이, 다른 사람들과 더불어 참여할 때 지적으로 자유로워질 수 있습니다. 이런 자유로움을 성취하는 데 도움을 주는 민중 조직과 보호 단체가 많습니다.

지적으로 자유로워지는 것만으로 중대한 변화를 끌어낼 수 있을까요? 단정 지어 대답하기 어렵습니다. 미국인들은 그들이 갖지 못한 온갖 이점을 누립니다. 막대한 부가 대표적입니다. 또한 미국이 가진 유일한 이점도 있습니다. 미국을 능가할 강대국이 이 세상에는 없다는 것입니다. 미국은 초강대국입니다. 이것만으로도 엄청난 변화를 끌어낼 수 있습니다.

하지만 제3세계에서 미국을 비롯한 서구 세계로 눈을 돌릴 때, 당신은 생각과 이해의 폭이 좁아지는 것에 놀라지 않을 수 없을 것입니다. 또한 합리적인 토론도 부족하고, 사람들이 서로 경계하는 현상에서도 놀라지 않을 수 없을 것입니다. 기회는 비교가 되지 않을 정도로 많은 나라가 이런 모습을 보이는 것에 어안이 벙벙할 것입니다.

— 혼자의 힘을 다수의 힘으로 승화시킬 방법, 즉 우리와 뜻을 같이하는 사람들을 결집시킬 방법은 무엇일까요? 이것은 가장 중요한 문제인 듯싶습니다만······.

— 이미 앞에서도 언급했듯이, 대다수가 우리 생각에 동의하고 있습니다. 문제는, 이런 전반적인 인식을 어떻게 건설적인 행동으로 승화시키느냐는 것입니다. 해답은, 인식을 행동으로 승화시킬 수 있는 조직을 만들어가는 것입니다.

내가 어딘가에서 강연할 수 있는 것은 어떤 단체가 강연회를 마련했기 때문입니다. 만약 내가 캔자스시티에 가서 "내가 강연을 하겠습니다"라고 말한다고 사람들이 모이겠습니까! 한 사람도 모이지 않을 것입니다. 하지만 어떤 단체가 강연회를 마련하면, 그 지역 주민이 모입니다. 이것만으로도 이 단체의 구성원에게 도움이 됩니다. 적어도 사람들을 한자리에 모아 자신들의 생각을 더 효과적으로 전달할 수 있으니까요.

모든 것이 하나로 귀결됩니다. 즉 사람들이 조직을 만들어 사회 활동에 적극적으로 참여한다면, 나 같은 사람들이 더 많은 사람들에게 접근할 기회를 얻을 수 있을 것입니다.

— 선생님도 아시겠지만, 저는 매주 한 시간짜리 라디오 프로그램을 진행합니다. 보스턴에서 마이애미까지는 가청권이 아닙니다만, 몬태나 주, 콜로라도 주, 뉴멕시코 주 등 서부 지역은 어디에서나 잘 들립니다.

— 권력층에게, 와이오밍 주의 래러미에서는 사람들이 무슨 이야기를 하는지 크게 중요하지 않습니다. 하지만 동부 해안 지역은 대부분의 결정이 내려지는 지역입니다. 따라서 엄격한 통제 아래 두어야 하지 않겠습니까!

그렇다고 우리가 권력층에 있는 사람들을 비난할 수만은 없습니다. 우리에게 주어진 가능성을 우리가 사용하지 않고 있으니까요.

지금 우리가 앉아 있는 케임브리지를 예로 들어볼까요? 다른 마을과 마찬가지로, 케임브리지에도 지역 케이블 텔레비전 방송국이 있습니다. 나도 그 방송국에 여러 번 드나들었습니다. 나는 기술적인 면에 대해서 많이 모르지만, 장비들이 썩 훌륭하다는 정도는 짐작할 수 있었습니다. 그 방송국이 지역 주민을 위해 존재하는 것이지만, 지역 주민 아무나 이용할 수 있나요?

언젠가 그 방송국에 출연했을 때였습니다. 프로그램이 마음에 들지 않아 나는 방송을 포기하고 싶은 심정이었습니다. 만약 케이블 방송국이 생동감 넘치는 양질의 프로그램을 제공한다면 어떤 일이 벌어질까요? 상업 방송국들이 곧장 반응을 보일 것입니다. 그 프로그램을 중단시키려고 하든지,

아니면 그 케이블 방송국을 통째로 사려고 할 것입니다. 하지만 그럴 입장이 아니라면 상업 방송국도 의미 있는 변화를 모색해야 할 것입니다. 그래서 NPR의 역할이 중요하다는 것입니다. 하여간 그렇게 된다면 상업 방송국들도 지역 공동체에서 일어나는 일을 완전히 외면할 수는 없을 것입니다.

지역 케이블 방송국은 우리가 제대로 이용하지 못하고 있는 자원 중 하나입니다. 리우데자네이루의 빈민가에 주민들이 사용할 수 있는 케이블 텔레비전 방송국이 지어진다면 주민들은 뛸 듯이 기뻐할 것입니다. 우리에겐 그런 방송국이 있지만 이를 효과적으로 이용하지 못하고 있습니다.

— 카세트테이프가 이런 정보를 확산시킬 수 있는 수단의 하나입니다. 카세트테이프는 복사하기도 쉽고, 유통시키기도 수월합니다. 그래서 이란혁명이 최초의 카세트 혁명이라 불리지 않습니까!

— 그밖에도 많은 수단이 있습니다. 다른 나라 사람들과 비교할 때, 미국인은 훨씬 많은 수단과 자원을 가졌습니다. 결국 아무런 변화도 끌어내지 못하는 책임은 우리에게 있다고 말할 수 있습니다.

— 일레인 브리에르의 동티모르의 비극을 다룬 다큐멘터리 〈고통에 젖은 파라다이스$^{Bitter Paradise}$〉에서, 선생님은 "언론은 권력이 어떻게 운영되는지 국민에게 알리려 하지 않는다. 이들에게 그 역할을 기대하는 것은 어리석은 짓이다 … 이들은 권력 집단의 일부이다 … 이들이 권력의 치부를 왜 폭로하겠는가?"라고 말했습니다. 선생님의 말씀이 사실이라면, 신문사에 기고문을 보내고, 편집자들에게 편지를 쓰고 전화를 걸어보았자 무슨 소용이겠

습니까?

— 그래도 그렇게 해야 합니다. 진짜 독재국가보다는 훨씬 유연하고 융통성이 있는 나라이니까요. 진짜 독재국가도 대중의 압력에는 영향을 받습니다. 실낱같은 가능성이라도 찾아서 이용해야 합니다.

권위 있는 신문사에서 퇴짜를 맞았다고 포기할 일은 아닙니다. 다른 가능성도 많습니다. 또한 신문사에 기고문을 보내고 전화를 거는 것만으로 그쳐서도 안 됩니다. 대중의 압력을 최대한 이용해서 당신의 생각을 세상에 알려야 합니다.

언론이 요즘처럼 교조주의에 철저히 물들고, 일반인이 언론에 파고들기가 어려운 이유가 없지는 않습니다. 하지만 철옹성은 아닙니다. 실제로 언론을 그렇게 경직되게 만든 방식으로 거꾸로 언론을 풍요롭게 만들 수도 있습니다. 물론 언론이 지금과 같은 경직성을 극복하게 하려면 우리가 먼저 무엇인가를 해야만 합니다. 그저 가만히 앉아서 구세주가 나타나길 기다려서는 안 됩니다.

다른 방법으로는 대안 언론을 만드는 것입니다. 주요 언론을 개방시키는 효과가 있을 것입니다. 실제로 그런 사례가 적지 않습니다.

— 하지만 신문사에 기고문을 싣는 것이 독립적인 민주 언론의 대안일 수는 없다고 말씀하지 않았던가요?

— 맞습니다. 대안은 아닙니다. 그 대안을 향해 나아가는 수단이라 생각하면 충분할 것입니다. 이 둘은 상관관계를 가지니까요.

― 선생님은 "권력 집단에 진실을 말하는 사람"이라고 자주 소개됩니다. 하지만 선생님은 퀘이커 교도의 그런 구호를 마땅찮게 여긴 것으로 알고 있습니다만 …….

― 퀘이커 교도들은 정말 정직하고 성실한 사람들입니다. 내가 지금껏 겪어본 사람들 중에서 가장 용기 있는 사람들이기도 했습니다. 우리는 많은 시간을 함께 보냈고, 함께 유치장에도 갇혀보았습니다. 한마디로, 우리는 친구입니다. 하지만 내가 그들에게 입이 닳도록 말했듯이, 나는 그런 구호를 좋아하지 않습니다.

권력 집단에 진실을 말한다는 것은 무의미한 짓입니다. 헨리 키신저에게 진실을 말한다고 무슨 소용이 있겠습니까? 그는 이미 진실이 무엇인지 알고 있습니다. 오히려 힘없는 사람들에게 진실을 말하는 편이 낫지 않을까요? 힘없는 사람들 편에 있는 것이 더 낫지 않을까요? 그럼 이들이 부조리한 권력 집단에 맞서 행동할 테니까요!

― 캐나다의 저널, 《아웃룩*Outlook*》에 선생님이 밴쿠버에서 가진 강연에 대한 기사가 실렸습니다. 강연장을 떠나는 사람들과 인터뷰한 내용으로 선생님의 강연을, "내게 좌절감을 안겨주었을 뿐입니다", "차라리 강연을 듣지 않았으면 더 나았을 것입니다. 패배감에 짓눌린 기분입니다"라고 결론지었습니다. 강연 방식을 바꿔야겠다는 생각은 없으십니까?

― 나도 그런 평가를 자주 들었습니다. 그 이유도 알고 있습니다. 그래도 사람들에게 그들이 무엇을 해야 하는지까지 말해야 한다고는 생각하지 않습

니다. 그것은 내 몫이 아니라고 생각합니다. 그들이 스스로 생각해보아야 합니다. 나도 나 자신이 무엇을 해야 하는지 모르는데요.

따라서 나는 세상에서 실제로 일어나는 일을 사실대로 전달하려 노력할 뿐입니다. 세상의 진실을 눈여겨보면 그다지 아름답지 않습니다. 게다가 지금의 실상을 미래로 확장시키면 그저 끔찍할 뿐입니다.

하지만 요점은 "지금의 현실이 필연적인 것은 아니다"라는 점입니다. 내가 지금껏 지루하게 말하면서 이런 사실을 분명하게 적시하지 못했다면 내 잘못입니다. 미래는 변할 수 있습니다. 그러나 우리가 현재의 실상을 깨닫지 못한다면 아무런 변화도 도모할 수 없습니다.

그동안 우리는 많은 성과를 거두었습니다. 이를 바탕으로 우리는 새로운 정상을 향해 올라갈 수 있습니다. 물론 많은 실패도 경험했습니다. 꿈을 이룬다는 것이 결코 쉬운 일은 아닙니다. 지금껏 꿈을 이루는 것이 쉬운 일이라고 말한 사람은 아무도 없었습니다.

1928년(출생) 언어학자이자 철학자이며 정치적 행동주의자인 에이브럼 노엄 촘스키^Avram Noam Chomsky^는 12월 7일 필라델피아 부근 이스트 오크 레인^East Oak Lane^에서 태어남. 아버지 윌리엄 촘스키^William Chomsky^는 우크라이나에서 태어나 1913년에 미국에 온 이민자이고, 어머니 엘시 시모노프스키^Elsie Simonofsky^는 벨라루스 출신. 부모 다 보수적인 정통 유대교 가문에서 자라남. 어머니는 교사이자 행동주의자로, 당시 미국 문화의 편협한 억압 속에서도 전통적 방식으로 가정을 꾸려 나감. 아버지도 교사였는데, 히브리어 문법을 전공한 히브리어 학자로, 《뉴욕타임스^The New York Times^》 부고난에 "세계 최고의 히브리어 문법가 중 한 사람"으로 소개되었을 정도로 명성을 얻음. 언어학자인 아버지는 노엄에게 평생 큰 선물이 됨. 외가 쪽으로는 사회주의자인 친척이 꽤 있었지만 부모는 루스벨트^Franklin Roosevelt^를 지지한 민주당원으로 중도좌파였으며 존 듀이^John Dewey^의 교육론을 지지했음.

---

* 이 연보는 촘스키 공식 웹사이트(www.chomsky.info)와 볼프강 B. 스펄리치Wolfgang B. Sperlich의 《한 권으로 읽는 촘스키Noam Chomsky: Critical Lives》를 참고하여 편집부에서 작성했으며 장영준 교수(중앙대학교 영어영문학과)가 감수했다.

1930년(2세) 상당히 일찍부터 정식 교육을 받기 시작해 템플 대학교^{Temple} University에서 운영하는 듀이식 실험학교인 오크 레인 컨트리 데이 스쿨^{Oak Lane} Country Day School에 입학, 열두 살까지 다님.

1933년(5세) 동생 데이비드^{David} 출생. 1930년대에 촘스키는 대공황의 여파로 드리운 전체주의의 어두운 그림자를 실감하며 자라남. 부모와 부모의 동료가 교육 현장에서 실천하는 모습을 보며 상식으로 세상을 바꿔야 함을 배움. 촘스키는 아나키즘적 정치철학에서 "행동이 이론을 세우는 것보다 훨씬 중요하다"는 교훈을 배움. 촘스키의 이상은 아나키즘적 생디칼리슴에 뿌리를 두는 반면, 정치적 행동주의라는 사상은 상식에서 출발함.

1938년(10세) 에스파냐 내전에서 바르셀로나가 파시스트에 점령당하자 학교 신문에 '파시즘의 확산'을 주제로 사설을 게재함. "오스트리아가 점령당했고 체코슬로바키아가 점령당했으며 이제 바르셀로나도 점령당했다"로 시작함.

1940년(12세) 센트럴 고등학교^{Central High School} 입학. 대학 진학을 최우선 목표로 삼는 경쟁적인 학교에서 위계적이고 엄격한 교육 방식에 다소 곤란을 겪음. 선천적으로 지적 활동을 좋아해 부모에게서 "아들 녀석이 벌써부터 부모를 이기려 한다"는 말을 듣고 자람. 또래 아이들이 슈퍼맨 만화책을 읽을 때, 유대인 공동체에 속한 탓에 시오니즘에 관한 책과 논문을 읽음.

1941년(13세) 중세 히브리어 문법과 역사를 학문적으로 연구한 아버지 덕분에 어린 시절부터 문법이란 개념에 익숙했음. 13세기 히브리어에 대해 아버지가 쓴 원고를 교정 봄. 그러나 문법보다는 정치에 더 관심이 많음. 특히 뉴욕의 외가에 자주 오가면서 이모부 밀턴 클라우스^{Milton Klauss}가 운영하는 신문 가판대에 드나드는 지식인들을 통해 지적 자극을 받음. 훗날 촘스키는 당시 경험을 "10대 초반에 내게 가장 큰 영향을 미친 지적인 문화"였다고 회고함. 이모부는 자유주의 이외에 국내외의 프로파간다에 속고 억압받는 계급과, 그들과 연대하는 것에 대해서도 관심을 가져야 한다고 가르침. 가족의 사교 범위는 좁았지만 이모부에게서 자양분을 공급받을 수 있었음. 한때는 에스파냐의 아나키즘 혁명에 심취했고, 반파시스트 난민들이 주로 운영하는 뉴욕의 중고 서점과 아나키스트들이 이디시어로 발행한《노동자의 자유 목소리*Freie Arbeiter Stimme*》사무실을 들락거림. 이 잡지에 실린 글과, 주류 언론과 서점에 쌓인 책에서 접하는 정보가 극명하게 다른 것에 충격을 받음. 후에 촘스키가 언론 산업에 관심을 갖게 된 결정적인 계기가 됨.

1945년(17세) 펜실베이니아 대학교*University of Pennsylvania* 입학. 철학, 논리학, 언어학 등 일반 과정을 이수하면서 흥미로운 주제로 보고서를 써냄. 모국어인 영어와 제2 언어로 히브리어를 쓰며 성장한 그는 대학에서 고전 아랍어와 프랑스어, 독일어 기초를 익힘. 그러나 이것이 그를 언어학자로 이끈 것은 아님. 아버지의 학교에서 히브리어를 가르치며 학비를 번 까닭에 겨우 낙제를 면하기도 함. 대학을 중퇴하고 팔레스타인으로 가 키부츠에서 일할 생각을 품음. 이탈리아 출신의 반파시스트 망명자로 훌륭한 인격자이면서 뛰어난 학자인 조르조 레비 델라 비다*Giorgio Levi Della Vida*와 조우. 그는 촘스키의 이상과 정치적 행동주의에 적잖이 영향을 미침. 또 정치적 행동주의자이면서 뛰어난 작가인 조지 오웰*George Orwell*에 푹 빠짐. 특히《카탈로니아 찬가*Homage to Catalonia*》에 깊은 인상을 받음. 드와이트 맥도널드*Dwight Macdonald*가 1999년까지 발행한 정치 잡지《정치*Politics*》에 가끔 실리는 오웰의 글에 심취함.

1947년(19세) 정치 모임에서 같은 학교의 젤리그 해리스*Zellig Harris* 교수와 만남. 촘스키가 정치적 행동주의자와 언어학자로서의 길을 걷는 데 결정적인 영향을 준 그는 미국에서 처음으로 언어학과를 펜실베이니아 대학교에 만들었으며 구조주의 언어학과 담화 분석의 창시자임. 게다가 프랑크푸르트학파와 심리 분석에 푹 빠진 비판적 사상가로 정치관마저 촘스키와 매우 흡사했음. 자유분방한 해리스는 촘스키에게 수학과 철학을 공부하라고 권하기도 함. 격식을 벗어난 듀이식 교육을 받은 촘스키는 자유로운 분위기에서 학문적 토론에 심취함. 언어학자이자 《촘스키*Chomsky*》(1970)의 저자인 존 라이언스John Lyons는 "학생 촘스키는 해리스의 정치적 관점에 매료됐고 그 때문에 언어학과 대학원을 선택했다. 어떤 의미에서는 정치학이 언어학으로 그를 인도한 셈이다"라고 함.

1948년(20세) 학위 논문 주제를 고민하는 촘스키에게 해리스가 '히브리어 연구'를 권함. 해리스가 쓴 《구조주의 언어학의 방법론*Methods in Structural Linguistics*》(1947)에 완전히 매료되어 언어학에 빠져듦.

1949년(21세) 학사 학위 논문 발표. 이때부터 개인적인 삶과 학자로서의 삶, 정치적 행동주의자로서의 삶을 이어감. 히브리어에 해리스의 방법론을 접목해 〈현대 히브리어의 형태음소론*Morphophonemics of Modern Hebrew*〉 초고 완성. '생성통사론'의 출현을 예고한 논문이지만 촘스키는 이후로 시행착오를 거듭함. 12월 24일 어린 시절 친구인 캐럴 샤츠Carol Schatz(19세)와 결혼.

1951년(23세) 캐럴이 프랑스어로 학사 학위 받음. 펜실베이니아 대학교에서 학사 학위 논문을 수정하여 언어학으로 석사 학위 받음. 이즈음 촘스키는 철학에 심취해, 굿맨Nelson Goodman, 콰인Willard Van Orman Quine 등과 교류하고, 이 둘을 통해 카르나프Rudolf Carnap, 러셀Bertrand Russell, 프레게Gottlob Frege, 비트겐슈타인Ludwig Wittgenstein을 만남. 과학자이자 수학자이며 논리학자인 러셀은 오웰만큼 촘스키에게 깊은 영감을 불러일으켰으며, 그가 가장 닮고 싶어 한 사람으로 지금까지 그의 사진을 연구실에 걸어둠. 이 밖에도 옥스퍼드 대학^{Oxford} University 철학과의 존 오스틴^{John Austin} 교수에게 큰 영향을 받음. 굿맨의 권유로 유망한 대학원생을 지원하는 장학제도인 하버드 대학교^{Harvard University} 특별연 구원^{Society of Fellows}에 지원함. 연구원^{Junior Fellow}으로 선발되어 보스턴으로 이주. 찰스 강 남쪽 올스턴^{Alston}의 커먼웰스^{Commonwealth} 가에 위치한 조그만 아파트 를 세 얻음. 같은 연구원인 언어학자 모리스 할레^{Morris Halle}는 촘스키의 언어 학을 이해해준 극소수의 동료 중 한 사람으로 남음. 프라하학파 창시자의 일원이자 절친한 사이가 된 로만 야콥슨^{Roman Jakobson}도 만남.

1953년(25세) 캐럴이 하버드 대학교의 여자 단과 대학인 래드클리프 대학^{Radcliffe College}으로 전학함. 하버드 연구원이 누릴 수 있는 가장 큰 혜택인 여행 보조금으로 부부가 첫 해외여행을 떠남. 주목적은 키부츠 체험과 유럽 여 행. 영국, 프랑스, 이탈리아를 거쳐 이스라엘로 가, 제2차 세계대전이 유럽 에 남긴 상흔을 직접 보고 옴. 음성학을 공부하던 캐럴이 돌연 학업을 중단 함. 촘스키는 그간의 연구를 접고 취미로 해온 '생성문법^{generative grammar}'에 집 중. 첫 학술논문 〈통사분석 체계^{Systems of Syntactic Analysis}〉를 언어학 저널이 아닌 논 리적 실증주의 저널 《기호논리학 저널^{Journal of Symbolic Logic}》에 발표하여 큰 호응 을 얻음.

1955년(27세) 유럽 여행 후부터 계속 영원히 키부츠에 정착하는 문제 고민. 가능성 타진을 위해 캐럴이 이스라엘로 떠남. 하버드 특별연구원 장학금을 1955년까지로 연장함. 4월 징집영장 받음. 6주 뒤로 징집을 연기하고 4년 간 미뤄온 박사 논문 마무리. 〈변형 분석^{Transformational Analysis}〉으로 박사 학위 취 득, 군 복무 면제받음. 이 논문은 1975년 출판되는데, 언어학의 새 지평을 열었다고 평가받음. '변형 분석'은 문장의 언어 층위를 심층 구조와 표층 구조로 설명하는 혁명적인 개념으로, 거의 1,000쪽에 달하는 이 논문에서 그는 이분지$^{binary branching}$를 이용한 수형도를 발전시킴. 하버드 대학교 도서관에 마이크로필름으로 보관되자마자 논문은 '지하 고전'이 되었고, 열람이 가능한 소수의 '내부자' 집단이 생겨남. MIT$^{(매사추세츠 공과대학교)}$에서 강사로 일하기 시작. 처음에는 박사 과정 학생들을 대상으로 필수과목인 프랑스어와 독일어를 가르쳤으나 곧 '언어와 철학' 강좌가 개설되었고 강사를 찾지 못한 이 강좌에 지원함. 철학과 언어학을 결합해 강의하며 엄청난 분량의 원고와 독창적 강의 노트를 축적해갔는데, 이후 엄청난 양의 출판물을 쏟아내는 기반이 됨.

1956년(28세) 모리스 할레, 프레드 루코프$^{Fred Lukoff}$와 함께 논문 〈영어 액센트와 절점에 관하여$^{On Accent and Juncture in English}$〉 발표.

1957년(29세) 2월 공학과 수학, 과학을 전공하는 MIT 학부생들을 대상으로 한 강의 노트를 바탕으로 《통사 구조$^{Syntactic Structures}$》 출간. 상업적으로는 성공하지 못했지만 현대 언어학의 고전으로 언어학자의 필독서이자 스테디셀러가 됨. 4월 20일 딸 아비바^{Aviva} 태어남$^{(중앙아메리카의 역사와 정치를 전공하고}$ 아버지의 뒤를 이어 학자가 됨). 선배 교수이자 초기부터 촘스키 이론에 관심을 둔 조지 밀러$^{George Miller}$의 초대로 스탠퍼드 대학$^{Stanford University}$에서 여름 학기를 보냄. 이듬해까지 콜롬비아 대학$^{Columbia University}$ 초빙 교수를 지냄.

1958년(30세) MIT 부교수가 됨.

1959년(31세) 2004년의 한 강연에서 촘스키는 하버드 대학원 시절을 회고하며 "생물언어학적 관점$^{biolinguistic perspective}$은 제2차 세계대전 직후 미국에 알려지기 시작한 동물행동학^{ethology}을 비롯해, 생물학과 수학의 발전에 크게 영향을 받은 일부 하버드 대학원생들의 토론에서 이미 반세기 전에 요즘의 형태를 갖추기 시작했다"고 밝힘. 이런 접근법에 영향을 받아 스키너의 《언어 행동 *Verbal Behavior*》(1957)을 다룬 평론(《스키너의 《언어 행동》에 대한 고찰 *Reviews: Verbal behavior*》)을 언어학 학회지 《언어 *Language*》에 발표, 언어가 학습되는 행동이라는 이론을 여지없이 무너뜨림. '자극−반응−강화−동기부여'로 이루어지는 행동주의의 이론적 틀이 언어학에서나 일반 과학에서 추론적 의미는 물론 경험적 의미도 갖지 못한다는 점을 증명함으로써 당대 학자인 스키너와 콰인을 정면공격함. 마치 경험주의와 합리주의 논쟁으로도 비친 이런 논쟁을 다른 학자들과 즐겨 했고, 평론가들은 이를 일컬어 '언어학 전쟁 *linguistics wars*' 이라고 부름. 그러나 길버트 하먼 *Gilbert Harman* 은 "촘스키의 언어 이론만큼 현대 철학에 영향을 미친 이론은 없다"고 평함. 이듬해까지 프린스턴 대학 *Princeton University* 고등연구소 *Institute of Advanced Study* 회원으로 있음.

1960년(32세) 둘째 딸 다이앤 *Diane* 태어남(현재 니카라과 수도 마나과에 있는 한 원조 기구에서 일함). 1960년대 들어 적극적으로 정치적 견해를 피력하기 시작. MIT 전자공학연구소에 있던 시절 촘스키는 테크놀로지를 경멸했는데 1950년대 말부터 컴퓨터와 컴퓨터 언어학에 컴퓨터를 응용하는 분야를 인정하기 시작했고, 이런 그의 비판적 관심이 오토마타 이론 *Automata Theory* (자동번역이론)에 기여했으며, 결국 자연 언어에 수학적 이론을 접목한 '촘스키 계층 구조 *Chomsky hierarchy*'를 완성하기에 이름.

1961년(33세) MIT 종신교수가 됨.

1964년(36세) 1967년까지 하버드 인지 연구 센터 *Harvard Cognitive Studies Center* 연구원을 지냄.

1965년(37세) 지금도 언어학계에서 가장 훌륭한 저작으로 손꼽히는 《통사이론의 제상 *Aspects of the Theory of Syntax*》 출간. '표준이론 *Standard Theory*'에 대한 대학원생과

신임 교수들의 허심탄회한 논의를 정리한 책임. 베트남전쟁이 발발하자 정치적 행동주의자가 되기로 결심하고 항의 집회에 적극적으로 참여함. 삶 자체가 불편해지고 가족들에게도 피해가 갈 것이며 더 자주 여행하고 더 많은 사람을 만나야 하고 또 정치에 무관심한 학계의 따돌림도 받겠지만 모든 것을 감수하기로 결심함. 그러면서도 충직한 학자답게 정치관과 언어학 교실을 엄격히 구분함. 렉싱턴 지역으로 이사해 지금까지 살고 있음. 학자들 사이에서 좌파라고 밝히는 것이 유행처럼 번지고 반문화 운동이 확산된 불안한 1960년대에 들어와 민중의 힘이라는 새로운 현상에 주목한 신생 조직들이 생겨남. 각종 정치 행사와 시위에 강연자로 초청받는 일이 잦아짐. 그의 회고에 따르면 "처음 치른 대규모 대중 집회는 1965년 10월 보스턴 커먼 공원에서 열린 행사"임. 이때 베트남전쟁을 찬성하는 반대파에 공격받고 지역 언론으로부터 맹렬하게 비난받음.

1966년(38세) 촘스키는 정치적 행동주의자로서 연설하고 강연한 것, 또 강연하기 위해 조사한 자료에 대해 어마어마한 양의 기록을 자세히 남김. 행동주의 저술가로서 그의 글과 소책자는 어떤 행동주의자의 글보다도 더 많은 독자에게 전해짐. 이해에 행동주의자가 아닌 대중을 상대로 하버드에서 최초로 강연했는데, 마침 힐렐Hillel(세계에서 가장 큰 유대인 대학들의 기관) 집회였고, 이 강연은 이듬해 2월 《뉴욕 리뷰 오브 북스The New York Review of Books》에 〈지식인의 책무Responsibility of Intellectuals〉로 실림. MIT 석좌 교수가 됨. 모리스 할레와 함께 하퍼 앤드 로Harper and Row 출판사에서 '언어 연구 시리즈the Studies in Language Series' 편집. UCLA와 캘리포니아 대학University of California 버클리Berkeley 캠퍼스에서 초빙 교수 지냄.

1967년(39세) 아들 해리Harry 태어남(현재 캘리포니아에서 소프트웨어 개발자로 일함). 징역형을 선고받을 위기에 처함. 아이 셋을 키우며 캐럴이 다시 공부를 시작함.《뉴욕 리뷰 오브 북스》에 실린 〈지식인의 책무〉를 통해 "지식인은 정부의 거짓말을 세상에 알려야 하며, 정부의 명분과 동기 이면에 감추어진 의도를 파악하고 비판해야 한다"고 역설. 그가 행동하는 지식인으로 각인되는 계기가 됨. 이 매체는 좌파 학자들에게 거의 유일한 언로였는데, 촘스키는 이때부터 1973년까지 꾸준히 기고함. 10월 처음 투옥되어, 그곳에서 베트남전쟁을 다룬 소설《밤의 군대들The Armies of the Night》로 퓰리처상을 받은 소설가 노먼 메일러Norman Mailer 를 만남. 학생비폭력조정위원회Student Nonviolent Coordinating Committee의 폴 라우터Paul Lauter 와 의기투합하여 저항조직 레지스트RESIST 를 창설함. 10월 21일 펜타곤 외곽을 행진하던 시위대가 헌병대와 충돌하는 바람에 체포당해 노먼 메일러와 함께 구치소에서 하룻밤을 보냄. 당국이 본보기를 남기기 위해 법무부 건물 앞 계단에서 연설한 그는 제외한 채 '보스턴의 5적'을 발표함. 이 재판을 지켜보며 보수 집단이 무슨 짓을 할지 두려움에 휩싸임. 그래도 캐럴은 아이들을 데리고 나가 반전 집회 행진에 참여하고, 매사추세츠의 콩코드에서 여성과 어린이가 참가한 침묵 시위에도 참여함. 이때 캐럴과 두 딸은 통조림 깡통과 토마토 세례를 받음. 런던 대학교University of London에서 명예박사 학위를 받음. 시카고 대학University of Chicago에서 명예 언어학 박사 학위 받음.

1968년(40세)《언어와 정신Language and Mind》 출간. 오랜 친구이자 동료인 모리스 할레와 함께한 기념비적인 저작《영어의 음성체계The Sound Pattern of English》 출간. 500여 쪽에 달하는 이 책으로 '음운론'을 거의 완벽히 정리해냄. 12월 〈콰인의 경험론적 가정Quine's Empirical Assumption〉 발표. 캐럴이 하버드 대학교에서 언어학으로 박사 학위를 받음.

1969년(41세) 1월 캐럴이 박사 논문과 같은 주제인 '언어 습득 과정'에 관해 쓴 《언어습득론 *The Acquisition of Syntax in Children from Five to Ten*》을 출간함. 봄에 옥스퍼드 대학의 존 로크 강좌 *John Locke Lectures* 에서 강연함. 9월, 펜타곤에서 연설한 것과 기고문을 모아 《미국의 힘과 신관료들 *American Power and the New Mandarins*》출간. 미국의 베트남전 개입을 신랄하게 규탄한 이 책으로 미국 안팎에서 뜨거운 반응을 얻음.

1970년(42세) 4월 그리스도교 연합교회 목사인 딕 페르난데스 *Dick Fernandez*, 코넬 대학교 *Cornell University* 경제학과 교수인 더글러스 다우드 *Douglas Dowd* 와 함께 하노이 방문. 폭격이 잠시 중단된 틈을 타, 폭격의 피해를 입지 않은 하노이 폴리테크닉 대학교 *Polytechnic University* 에서 강연. 이 강연 여행은 지하운동과 민중운동 쪽에서 큰 화제가 됨. 영화배우이자 반전운동가 제인 폰더 *Jane Fonda* 가 하노이를 방문했을 때 '반역'이라 비난받자 대국민 사과를 한 것과 비교하면 비교적 알려지지 않은 채 넘어감. 이후로도 논란이 될 만한 해외여행은 하지 않음. CIA (미국중앙정보국) 용병부대의 폭격 탓에 항아리 평원 *Plain of Jars* 에서 쫓겨난 라오스 난민들을 인터뷰해 《아시아와의 전쟁 *At War With Asia*》출간. 이 책에서 그는 미국은 베트남전쟁에서 주된 목표를 이루었으며 그 대표적인 예가 FBI가 실행한 반첩보 프로그램인 코인텔프로 *COINTELPRO* 라고 지적함. MIT 출판사가 창간한 학술지 《언어학 탐구 *Linguistic Inquiry*》의 편집위원회를 맡음. 촘스키 언어학을 알리는 수단에 불과하다는 비판도 있었으나 지금은 가장 권위 있는 언어학 학술지로 자리 잡음. 시카고의 로욜라 대학교 *Loyola University* 와 스워스모어 칼리지 *Swarthmore College* 에서 명예박사 학위 받음. 이때부터 1980년대까지 학자로서의 역할에 충실함. 《런던타임스 *The Times of London*》선정 '20세기를 만든 사람'에 이름을 올림.

1971년(43세) 전해 1월 케임브리지 대학^{Cambridge University}에서 한 버트런드 러셀 기념 특강을 모아 《촘스키, 러셀을 말하다^{Problems of Knowledge and Freedom}》 출간. 영국 폰타나^{Fontana} 출판사에서 《아시아와의 전쟁》 출간. 폰타나는 유럽에서 유일하게 《밀실의 남자들^{The Backroom Boys}》(1973), 《국가 이성을 위하여^{For Reasons of State}》(1973), 《중동에서의 평화^{Peace in the Middle East?}》(1975) 등 촘스키 저작을 연이어 출판하면서 그의 이름을 알리는 데 적잖은 역할을 함. 네덜란드 텔레비전 방송국에서 미셸 푸코^{Michel Foucault}와 대담. 평소 프랑스의 포스트모던 철학이 '정치 비평'적 색채를 띠어 철학이 정치적 행동주의처럼 여겨진다는 이유로 프랑스 철학을 경멸했던 촘스키는 푸코의 '포스트모던' 비판에 폭넓게 동의함. 철학자이자 과학자인 데카르트에게서 깊이 영향받은 촘스키의 언어학이 '데카르트 언어학'이라고도 불린 것에 비하면 이례적인 일임. 뛰어난 학자를 지원하는 구겐하임 펠로십^{Guggenheim fellowship} 수상. 바드 칼리지^{Bard College}에서 명예박사 학위 받음.

1972년(44세) 캐럴이 하버드 교육대학원에서 교편을 잡고 1997년까지 가르침. 델리 대학^{Delhi University}에서 명예 학위를 받음. 4월 1일 뉴델리 대학^{University of New Delhi}에서 네루^{Nehru} 추모 특강을 함. 5월 《언어와 정신》 개정판 출간.

1973년(45세) 《국가 이성을 위하여^{For Reasons of State}》 출간. 베트남전쟁과, 닉슨^{Richard Milhous Nixon}의 부관 헨리 키신저^{Henry Alfred Kissinger}가 비밀리에 캄보디아를 폭격한 사실을 알리기 위해 처음으로 허먼과 함께 《반혁명적 폭력: 대학살의 진상과 프로파간다^{Counter-Revolutionary Violence: Bloodbaths in Fact and Propaganda}》를 저술함. 출간을 코앞에 두고 워너커뮤니케이션스^{Warner Communications}의 간부가 "존경받는 미국인들을 아무 근거 없이 상스럽게 비난한 거짓말로, 명망 있는 출판사에서 낼 만한 책이 아니"라는 이유로 출간 보류함. 개정하고 글을 추가해 사우스 엔드 프레스^{South End Press}에서 1979년《인권의 정치경제학 *The Political Economy of Human Rights*》
으로 출간함. 매사추세츠 대학교^{University of Massachusetts}에서 명예박사 학위 받음.
닉슨의 '국가의 적^{Enemies List}' 명단에 이름이 올라 있는 것이 밝혀짐.

1974년(46세)《반혁명적 폭력》의 프랑스어판 출간. '프랑스 좌파의 이데올로
기적 욕구를 만족시키기 위한 오역이 난무한다'고 자평함.

1975년(47세) 3월《중동에서의 평화》출간. 정치적 행동주의가 담긴 책들은
출간이 어려웠으나 언어학 연구서들은 학계에서 주목받으며 널리 읽힘. 6월
《'인권'과 미국의 대외 정책 *'Human Rights' and American Foreign Policy*》출간. 박사 논문을 고
쳐 실질적인 첫 저작이라 할《언어 이론의 논리적 구조 *The Logical Structure of Linguistic*
Theory》출간. 1월에 진행한 캐나다 온타리오의 맥마스터 대학교^{McMaster University}
휘든 특강^{Whidden Lectures}에 시론을 덧붙인 언어학 고전《언어에 대한 고찰 *Reflections*
on Language》출간.

1976년(48세) MIT에서 인스티튜트 프로페서^{Institute Professor}(독립적인 학문기관으로
대우하는 교수)로 임명됨. 학자로서 최고의 전성기를 맞음. 이해부터 동티모
르에 대해 끊임없이 문제를 제기하고 3년 뒤 책으로 엮음.

1977년(49세) 봄,《리바이어던 *Leviathan*》과의 인터뷰에서 "미국은 제2차 세계대
전 이후 일관된 정책을 유지했는데, 그것은 서남아시아의 에너지 자원을
확실하게 통제하려는 것이다"라고 함. 11월 네덜란드 레이던 대학^{University of}
^{Leiden}에서 하위징아^{Huizinga} 추모 특강.

1978년(50세) 이듬해까지 유엔 탈식민지위원회에 출석해 동티모르의 상황
을 증언함(후에 출간). 11월 콜롬비아 대학에서 우드브리지^{Woodbridge} 특강.

1979년(51세) 1월 스탠퍼드 대학에서 칸트^{Immanuel Kant} 강의. 주로 언어학, 언어
학과 철학을 결합시킨 것, 그리고 정치적 행동주의를 주제로 한 강연을 함.

이 세 주제를 넘나들며 진행한 인터뷰가 《언어와 책무: 미추 로나와의 대화 *Language and Responsibility: Based on Interviews with Mitsou Ronat*》로 출간됨. 5월 리스본까지 달려가 동티모르의 위기를 다룬 첫 국제회의에 참석. 1980년대 초에도 리스본에서 동티모르 난민들을 만나고, 이후 오스트레일리아의 지원단체 및 난민들과 가까운 관계를 유지함. 촘스키는 동티모르와 관련된 대부분의 정보를 오스트레일리아 친구들에게서 얻음. 전해 우드브리지 특강을 바탕으로 한 《규칙과 표상 *Rules and Representations*》 출판. 1980년대에 언어학에서 타의 추종을 불허하는 탁월한 철학자로 우뚝 섬. 정치철학과 현대 프랑스 철학에 휩쓸리지 않으면서 자신만의 언어철학을 완성해감. 언어가 인간 행위에 영향을 미치며 언어 능력이 세상을 변화시키고 더 낫게 만들어나가는 궁극적인 도구라고 본 촘스키는 《규칙과 표상》에서 언어는 보편적으로 학습된다는 인지언어학 *conitive linguistics* 으로부터 생물언어학을 구별 정립함. 1951년에 쓴 석사논문이 《히브리어의 형태소론 *Morphophonemics of Modern Hebrew*》으로 출판됨. 〈나치의 쌍둥이: 안보국가와 교회 *The Nazi Parallel: The National Security State and the Churches*〉라는 도발적인 제목의 시론 발표. 라틴아메리카의 교회, 특히 브라질 교회가 저항의 중심이 될 것이라 낙관함. 이 글과 함께 《반혁명적 폭력》을 개정, 보완한 《인권의 정치경제학》(전 2권)을 에드워드 허먼과 함께 출간. 1권 《워싱턴 커넥션과 제3세계 파시즘 *The Washington Connection and Third World Fascism*》(2권은 《대격변 이후: 전후 인도차이나와 제국주의적 이데올로기의 부활 *After the Cataclysm: Postwar Indochina and the Reconstruction of Imperial Ideology*》)은 누설된 기밀 문서를 광범위하게 다루는데, 오스트레일리아에서 엄청난 판매고를 올림. 출판이 금지된 데다 책을 보관했던 창고가 원인 모를 화재로 전소되었기 때문. 프랑스 학자 로베르 포리송 *Robert Faurisson* 이 나치의 유대인 학살과 학살이 자행된 가스실이 존재하지 않았다는 논문을 쓰고 '역사 왜곡죄'로 재판받을 위기에 처하자 '표현의 자유'를 이유로 500여 명의 지식인들과 함께 탄원서를 제출함. 마치 포리송의 주장을 지지하는 듯이 비쳐 프랑스에서는 '나치주의자'로 몰리고, 이듬해까지 이어진 이 사건에서 촘스키는 '정치적 올바름^political correctness'의 문제로 논란의 중심에 섬.

1980년(52세) 《뉴욕타임스》에 동티모르에 관한 논설을 기고할 기회를 얻고, 《보스턴글로브 ^The Boston Globe》를 설득해 미국에서는 처음으로 동티모르에 대한 진실을 보도하도록 유도함. 1980년대 레이건 행정부 때는 분쟁 지역마다 쫓아다니며 정치적 견해를 피력함. 서벵골의 비스바–바라티 대학교^Visva-Bharati University 명예박사 학위 받음.

1981년(53세) 1970년대에 작업한 '확대 표준 이론^Extended Standard Theory, EST', '수정 확대 표준 이론^Revised Extended Standard Theory, REST'에 이어, 1980년대 들어 중견 언어학자로 성장한 제자들이 촘스키의 언어학을 수정, 확대함. 그 중심에 서서 혁신적인 변화를 꿈꾸며 《지배와 결속에 대한 강의: 피사 강의^Lectures on Government and Binding: The Pisa Lectures》(일명 'GB') 출간.

1982년(54세) 어떤 압력에도 굴하지 않고 계속 용기 있게 글을 써, 이해에만 대외적으로 150편이 넘는 글을 발표함. 해외에서도 즐겨 찾는 연사로 꼽혀 여행이 잦아짐. 대중적 인지도가 높아지면서 사생활을 지키기가 힘들어짐. 학자로서 성공했음에도 정치적 행동주의자로서 여전히 주류 세계에 편입하지 않고 많은 시민운동을 조직하며 활동함. 주류 학계와 정계에서는 그와 일정한 거리를 두려고 발버둥침. 동티모르에 대한 기본적인 내용을 담은 《새로운 냉전을 향하여^Towards a New Cold War》 출간. 시러큐스 대학^Syracuse University 초빙 교수 지냄. 《근본적인 우선순위^Radical Priorities》 출간.

1983년(55세) 이스라엘과 서남아시아에 대한 그의 견해를 집약한 《숙명의 트라이앵글*The Fateful Triangle*》출간. 이 책에서 주류 언론에서 보도하지 않은 미국의 범죄를 낱낱이 나열함.

1984년(56세) 미국 심리학회로부터 '특별 과학 공로상*distinguished scientific contribution*' 수상. 11월 인도의 두 젊은이(라마이아*L. S. Ramaiah*와 찬드라*T. V. Prafulla Chandra*)가 촘스키의 출판물 목록을 최초로 정리해 출판함(《노엄 촘스키: 전기*Noam Chomsky: a Bibliography*》). 직접 쓴 것이 180종이 넘고, 그를 다룬 출판물의 수는 그 두 배에 달함. 펜실베이니아 대학교에서 명예박사 학위 받음.

1985년(57세) 《흐름 바꾸기: 미국의 중앙아메리카 개입과 평화를 위한 투쟁*Turning the Tide: U. S. Intervention in Central America and the Struggle for Peace*》출간.

1986년(58세) 《언어 지식: 그 본질, 근원 및 사용*Knowledge of Language: Its Nature, Origin, and Use*》출간. 3월 니카라과 마나과를 방문해 1주간 강연함. 강연 도중 미국이 니카라과를 비롯해 중남미에서 저지른 만행을 고발하며 미국 시민이란 것에 수치심을 느껴 눈물을 흘림. 언어학 분야에서는 '원리와 매개변인*principle*'에 대한 탐구 등 GB 이론을 더 정교하게 다듬은 《장벽*Barriers*》(1986)을 '언어학 탐구 모노그라프' 시리즈의 13권으로 발표. 얄팍한데도 지나치게 전문적이어서 대학원생은 물론 언어학자까지 당혹스러워했지만, 언어학의 발전 방향을 제시함. 《해적과 제왕: 국제 테러리즘의 역사와 실체*Pirates and Emperors: International Terrorism in the Real World*》출간.

1987년(59세) 니카라과 마나과 강연을 모아 《권력과 이데올로기: 마나과 강연*On Power and Ideology: The Managua Lectures*》출간. 아침에 한 강연만 따로 모은 《지식의 문제와 언어: 마나과 강연*Language and Problems of Knowledge: The Managua Lectures*》도 출간. 이 책으로 '평이한 언어로 정직하고 명료하게 뛰어난 글을 쓴 공로*Distinguished Contributions to Honesty and Clarity in Public Language*'를 인정받아 미국 영어교사 위원회*National Council of Teachers*

^{of English}가 주는 오웰상^{Orwell Award}을 받음. 사우스 엔드 프레스의 공동 설립자인 마이클 앨버트^{Michael Albert}와 리디아 사전트^{Lydia Sargent}가 《Z 매거진^{Z Magazine}》 창간. 촘스키를 필두로 진보적 지식인들의 글 게재, 이후 인터넷에서 정치적 행동주의자들의 언로 역할을 함.

1988년(60세) 에드워드 허먼과 함께 《여론조작: 매스미디어의 정치경제학 ^{Manufacturing Consent: The Political Economy of the Mass Media}》 출간. '여론조작'은 칼럼니스트 월터 리프먼^{Walter Lippmann}에게서 차용한 개념. 이 책으로 또 한 번 미국 영어교사 위원회로부터 오웰상 받음(1989년). 시론 〈중앙아메리카: 다음 단계^{Central America: The Next Phase}〉에서 니카라과를 비롯한 중앙아메리카에 대한 미국의 공격을 '국가 테러'라고 고발함. 파시스트와 민주 세력 사이에서 교회가 선한 역할을 맡을 것이라 낙관하면서도 늘 기독교 근본주의를 호되게 비판함. '기초과학 교토상^{Kyoto Prize in Basic Sciences}' 수상. 《테러리즘의 문화^{The Culture of Terrorism}》 출간. 7월 이스라엘이 점령한 팔레스타인 지역 방문. 예루살렘 근처 칼란디야 난민촌^{Kalandia refugee camp}에 잠입했다가 이스라엘군에게 쫓겨남.

1989년(61세) 《여론조작》에 이어 미국, 미국과 비슷한 민주 국가들을 신랄하게 비판한 《환상을 만드는 언론^{Necessary Illusions: Thought Control in Democratic Societies}》 출간.

1991년(63세) 《민주주의 단념시키기^{Deterring Democracy}》 출간.

1992년(64세) 《미국이 진정으로 원하는 것^{What Uncle Sam Really Wants}》 출간. 캐나다의 언론인 마크 아크바르^{Mark Achbar}와 피터 윈토닉^{Peter Wintonick}이 《여론조작》을 기초로 만든 다큐멘터리 〈여론 조작: 노엄 촘스키와 미디어^{Manufacturing Consent: Noam Chomsky and the Media}〉가 11월 오스트레일리아에서 처음 상영됨. 아크바르는 이 작품으로 20대 초반 젊은 영화인들에게 주는 '더 듀크 오브 에든버러 인터내셔널 어워드^{The Duke of Edinburgh's International Award}'를 수상했고, 이 작품은 2003년 차

기작이 나오기 전까지 캐나다 역사상 가장 성공한 다큐멘터리로 기록됨.

1993년(65세) 《부유한 소수와 불안한 다수 *The Prosperous Few and the Restless Many*》(데이비드 바사미언^{David Barsamian} 인터뷰) 출간. 허울 좋은 명분 아래 풍부한 자원과 잠재력을 지닌 중남미 대륙과 아프리카, 아시아를 미국이 정치·경제적으로 어떻게 식민지화했는지 밝히고 "도덕은 총구로부터 나온다"는 미국의 오만한 역사의식을 신랄하게 비판한 《507년, 정복은 계속된다 *Year 501: The Conquest Continues*》 출간.

1994년(66세) 《비밀, 거짓말 그리고 민주주의 *Secrets, Lies and Democracy*》 출간. 1991년 11월 말레이시아계 뉴질랜드 학생이자 오스트레일리아 구호단체 소속 카말 바마드하즈^{Kamal Bamadhaj}가 동티모르에서 인도네시아 헌병대 총에 등을 맞는 치명상을 입고 결국 사망함. 그의 어머니 헬렌 토드^{Helen Todd} 기자가 범인을 법정에 세우고자 투쟁을 벌인 4년간 그녀와 계속 연락을 주고받으며 격려함. 연루된 장군 중 한 명이 하버드 대학교에 다닌다는 사실이 밝혀지자 보스턴의 행동주의자들이 하버드 대학 당국에 항의 시위하여 결국 토드가 승소함.

1995년(67세) 동티모르 구호협회^{ETRA}와 저항을 위한 동티모르 국가 평의회^{CNRM}의 초청으로 9일간 오스트레일리아 방문. 수도 캔버라에서 난민들을 대상으로 강연하고 멜버른과 시드니에서 대규모 집회를 조직함. 생물언어학을 치밀하게 실행에 옮기고자 규칙을 최소화함으로써 강력한 설명력을 띤 소수의 원리 체계로 언어 메커니즘을 분석한 《최소주의 프로그램 *The Minimalist Program*》 출간. 이 '최소주의 프로그램'에 모든 인간이 생득적으로 갖고 있는 모든 언어에 내재한 '보편문법^{Universal Grammer, UG}'을 적용해 언어학을 발전시킴.

1996년(68세) 캐럴 은퇴, 촘스키의 실질적인 매니저로 활동. 전해 오스트레일리아에서 연 강연들을 모아 《권력과 전망*Powers and Prospects*》 펴냄.

1997년(69세) 《미디어 컨트롤: 프로파간다의 화려한 성취*Media Control: The Spectacular Achievements of Propaganda*》 출간(〈화성에서 온 언론인*The Journalist from Mars*〉을 추가해 2002년 개정판 출간).

1998년(70세) 《공공선을 위하여*The Common Good*》(데이비드 바사미언 인터뷰) 출간.

1999년(71세) 《숙명의 트라이앵글》 개정판 출간. 에드워드 사이드*Edward Said*는 서문에서 "인간의 고통과 불의에 끊임없이 맞서는 숭고한 이상을 지닌 사람에게는 무언가 감동적인 것이 있다"며 촘스키의 '숭고한 이상'을 피력함. 《그들에게 국민은 없다: 촘스키의 신자유주의 비판*Profit over People: Neoliberalism and Global Order*》 출간. 그의 장기적 연구가 컴퓨터와 인지과학*Computer and Cognitive Science* 분야의 성장에 기여했다는 이유로 벤저민프랭클린 메달*Benjamin Franklin Medal* 수상. 헬름홀츠 메달*Helmholtz Medal* 수상.

2000년(72세) 《신세대는 선을 긋는다: 코소보, 동티모르와 서구의 기준*A New Generation Draws the Line: Kosovo, East Timor and the Standards of the West*》 출간. 《언어와 정신 연구의 새 지평*New Horizons in the Study of Language and Mind*》 출간. 《불량 국가*Rogue States: The Rule of Force in World Affairs*》 출간. 이 책에서 서방 강국, 그중에서도 미국이 어떻게 각종 국제적 규범에서 면제되는 것처럼 행동해왔는지, 또한 이런 경향이 냉전 종식 이후 어떻게 더 강화돼왔는지를 면밀히 밝힘. 또 라틴아메리카, 쿠바, 동아시아 등지에서 미국이 저지른 만행과 치명적인 결과를 구체적인 자료와 실증을 통해 적나라하게 보여줌. 여기서 미국이 테러의 표적이 된 이유를 차근차근 설명하는데, 미국은 이라크, 북한, 쿠바 등을 '불량 국가'로 분류하지만 오히려 국제 질서 위에 군림하면서 국제 규범을 무시하는 미국이야말로 국제사회의 '불량 국가'라고 규정함. 《실패한 교육과 거짓말*Chomsky on Mis-education*》

(2004년 개정판), 1996년의 델리 강연을 엮은 《언어의 구조 *The Architecture of Language*》 출간.

2001년(73세) 5월 경제적 이익을 위해 폭력을 무수히 행사하는 부시 정부에 대해 어정쩡한 태도를 보여 비난받기도 함. '미국과 테러'에 대한 견해를 소상히 밝힌 《프로파간다와 여론: 노엄 촘스키와의 대화 *Propaganda and the Public Mind: Conversations with Noam Chomsky*》(데이비드 바사미언 인터뷰) 출간. 배타적 애국주의로 치닫는 미국의 주류 언론과 지식인을 비판하면서 미국 정부와 언론의 프로파간다 공세 뒤에 가려진 진실과 국제 관계를 보는 새로운 시각을 전함. 9·11테러 이후 인터뷰 요청이 쇄도해 9월부터 10월 초까지 많은 인터뷰를 함. 이를 모은 책 《촘스키, 9-11 *9-11*》이 이듬해 페이퍼백 부문 베스트셀러 1위를 차지함. 10월 프랑스에서 《촘스키, 누가 무엇으로 세상을 지배하는가 *deux heures de lucidité*》(드니 로베르 *Denis Robert* 와 베로니카 자라쇼비치 *Weronika Zarachowicz* 인터뷰) 출간. 표현의 자유와 포리송 사건에 대한 공식 입장을 표명함. 12월 인도 델리에서 인도의 경제학자 라크다왈라 *Lakdawala* 추모 강연을 함(2004년 《인도의 미래 *The future of the Indian past*》로 출간됨).

2002년(74세) 1월 세계경제포럼 *World Economic Forum* (다보스포럼)에 대항한 NGO(비정부기구)들의 회의인 세계사회포럼 *World Social Forum* (브라질 프로투알레그리 *Porto Alegre*)에 참석. 2월 촘스키 책을 출간했다는 이유로 반역죄로 기소된 터키 출판인의 재판에 공동 피고인으로 참석하기 위해 터키 방문. 출판인이 공동 피고인이 되어달라고 부탁했고 촘스키가 기꺼이 요청을 받아들인 것으로, 재판부는 국제사회에 이런 사실이 알려질까 두려웠는지 첫날 기소를 기각함. 쿠르드족을 찾아다니며 그들의 인권을 강력하게 옹호하는 말과 글을 계속 발표함. 1월 23일 뉴욕에서 열린 미디어 감시단체 페어 *FAIR* 의 창립 15주년

축하 강연 내용을 기반으로《미디어 컨트롤》개정판 출간.《촘스키, 세상의 물음에 답하다》*Understanding Power: The Indispensable Chomsky*,《자연과 언어에 관해》*On Nature and Language*》출간.

2003년(75세)《중동의 평화에 중동은 없다》*Middle East Illusions*》(《중동에서의 평화》포함) 출간.《촘스키, 사상의 향연》*Chomsky on Democracy and Education*》(C. P. 오테로*C. P. Otero* 엮음) 출간. 브라질에서 열린 세계사회포럼에 참석. 라틴아메리카 사회과학위원회*CLASCO* 회장의 초청으로 쿠바 방문. 귀국 후 쿠바에 가한 미국의 금수 조치를 격렬히 비난함. 인도의 시민운동가이자 소설가 아룬다티 로이*Arundhati Roy*는〈노엄 촘스키의 외로움*The Loneliness of Noam Chomsky*〉이란 글에서 "촘스키가 이 세상에 기여한 공로 중 하나를 고른다면 아름답고 밝게 빛나는 '자유'라는 단어 뒤에 감춰진 추악하고 무자비하게 조작되는 세계를 폭로한 것"이라고 말함. 미국 정치·경제 엘리트들의 '제국주의적 대전략*imperial grand strategy*'을 완벽히 해부한《패권인가 생존인가》*Hegemony or Survival: America's Quest for Global Dominance*》출간. 9·11사태로 희생된 사람은 3,000명 남짓이지만, 미군의 직접적인 테러로 희생된 사람은 서류로만 봐도 수십만 명에 이른다고 주장하는 바람에 미국 우익과 자유주의자 모두의 분노를 폭발시켜 지식인 사회가 크게 동요함. 마크 아르바르 등이 촘스키 등을 인터뷰해 만든 다큐멘터리〈기업*The Corporation*〉출시.

2004년(76세) 이듬해까지 이탈리아의 피렌체와 볼로냐, 그리스의 테살로니키, 아테네, 헝가리, 영국의 런던, 옥스퍼드, 맨체스터, 리버풀, 에든버러, 독일의 올덴부르크와 베를린, 라이프치히, 슬로베니아의 류블랴나, 크로아티아의 노비그라드, 북아메리카 등 전 세계 각지에서 강연함. 학자 9명이 촘스키의 논리적 허구와 사실 왜곡을 신랄하게 짚은《촘스키 비판서》*The anti* *chomsky reader*》출간. 이때까지 촘스키가 등장하는 영화만 28편에 이름.

2005년(77세) 《촘스키, 미래의 정부를 말하다*Government in the Future*》출간. 2003년 캐나다를 방문한 촘스키의 1주간의 행적을 담은 DVD〈노엄 촘스키: 쉬지 않는 반항자*Noam Chomsky: Rebel without a Pause*〉출시.《촘스키의 아나키즘*Chomsky on Anarchism*》(배리 페이트먼*Barry Pateman* 엮음) 출간. 인터뷰집《촘스키, 우리의 미래를 말하다*Imperial Ambitions: Conversations on the Post-9/11 World*》(데이비드 바사미언 엮음) 출간. 10월《가디언*The Guardian*》이 선정한 '세계 최고의 지식인' 1위로 뽑힘. 이때까지 받은 명예 학위와 상이 30여 개에 이름. MIT에서 열린 컴퓨터 언어학 세미나에 참석. 더블린의 유니버시티칼리지*University College*의 문학과 사학회*Literary and Historical Society*의 명예회원이 됨. 11월《포린 폴리시*Foreign Policy*》선정 '2005 세계 지식인 조사'에서 1위를 차지함. 2위인 움베르토 에코*Umberto Eco*의 두 배인 4만 표를 받음.

2006년(78세) 5월《뉴스테이츠먼*New Statesman*》이 선정한 '우리 시대의 영웅' 7위로 뽑힘. 5월 8일부터 8일간 촘스키 부부와 파와즈 트라불시*Fawwaz Trabulsi* 등이 레바논을 여행함. 9일 베이루트의 아메리칸 대학교*American University*에서 '권력의 위대한 영혼*The Great Soul of Power*'이란 제목으로 에드워드 사이드 추모 강연함. 10일에는 같은 대학에서 '생물언어학 탐구: 구상, 발전, 진화*Biolinguistic Explorations: Design, Development, Evolution*'라는 주제로 두 번째 강연함. 12일에는 베이루트 함라 거리*Hamra Street*의 마스라알마디나*Masrah al Madina* 극장에서 '임박한 위기: 위협과 기회*Imminent Crises: Threats and Opportunities*'라는 제목으로 강연함. 촘스키의 강연과 인터뷰에, 동행한 사람들과 서남아시아 전문가들의 글을 덧붙이고 캐럴이 찍은 사진을 담아 이듬해《촘스키, 고뇌의 땅 레바논에 서다*Inside Lebanon: Journey to a Shattered Land with Noam and Carol Chomsky*》출간. 미셸 푸코*Michel Foucault* 와의 대담집《촘스키와 푸코, 인간의 본성을 말하다《The Chomsky-Foucault Debate: On Human Nature》출간.《촘스키, 실패한 국가, 미국을 말하다《Failed States: The Abuse of Power and the Assault on Democracy》출간. 배우 비고 모텐슨《Viggo Mortensen과 기타리스트 버킷헤드《Buckethead가 2003년에 발표한 앨범 판데모니움프롬아메리카《Pandemoniumfromamerica를 촘스키에게 헌정함.

2007년(79세) 대담집《촘스키와 아슈카르, 중동을 이야기하다《Perilous Power: The Middle East and US Foreign Policy: Dialogues on Terror, Democracy, War, and Justice》출간. 뉴욕타임스 신디케이트에 기고한 칼럼을 모아《촘스키, 우리가 모르는 미국 그리고 세계《Interventions》출간. 바사미언과의 인터뷰집《촘스키, 변화의 길목에서 미국을 말하다《What We Say Goes: Conversations on U.S. Power in a Changing World》출간. 스웨덴 웁살라 대학《Uppsala University 카를 폰 린네《Carl von Linné 기념회로부터 명예박사 학위 받음.

2008년(80세) 2월 골웨이 아일랜드 국립대학교《National University of Ireland, Galway의 문학과 토론 클럽《Literary and Debating Society 으로부터 프레지던트 메달《President's Medal 받음. 《촘스키 지知의 향연《The Essential Chomsky》(앤서니 아노브《Anthony Arnove 엮음) 출간. 12월 대한민국 국방부가 발표한 '2008 국방부 선정 불온서적'에《미국이 진정으로 원하는 것》과《507년, 정복은 계속된다》가 포함됨. 이에 대해 "한국민의 위대한 성취를 거꾸로 되돌리려는 시도"라며 한국 정부 당국을 "독재자 스탈린을 뒤따르는 세력"이라고 강력히 비난함. 12월 19일 평생을 함께한 캐럴 촘스키, 암으로 사망.

2009년(81세) 국제 전문 통번역사 협회《IAPTI 명예회원이 됨.

2010년(82세) 1월 MIT 크레지 강당《Kresge Auditorium에서 러시아 출신 작곡가 에드워드 마누키안《Edward Manykyan과 하버드 대학교 언어학과장 제나로 치에치아《Gennaro Chierchia 등이 촘스키 가족을 초대해 특별 콘서트를 개최함.《촘스키, 희망을 묻다 전망에 답하다《Hopes and Prospects》출간. 11월 일란 파페《Illan Pappé와 대담하여 《위기의 가자 지구: 팔레스타인과 벌인 이스라엘 전쟁에 관한 고찰*Gaza in Crisis: Reflections on Israel's War Against the Palestinians*》 출간. 진보한 인문학자에게 수여하는 에리히프롬상*Erich Fromm Prize* 수상.

2011년(83세) 케이프타운에서 학문의 자유에 관한 다비*Davie* 기념 강연함. 3월 9·11 이후 미국과 서구 국가, 서남아시아 국가의 권력 관계와 국제적 협상에 관해 10년간 발전시킨 분석틀을 제시한 《권력과 테러: 갈등, 헤게모니 그리고 힘의 규칙*Power and Terror: Conflict, Hegemony, and the Rule of Force*》 출간. 9월 소프트 스컬 프레스*Soft Skull Press*의 리얼 스토리*Real Story* 시리즈 중 베스트셀러 네 권을 모은 《세상은 어떻게 움직이는가*How the World Works*》 출간(한국에서는 〈촘스키, 세상의 권력을 말하다〉 시리즈로 출간). 《미국이 진정으로 원하는 것》, 《부유한 소수와 불안한 다수》, 《비밀, 거짓말 그리고 민주주의》, 《공공선을 위하여》가 묶임. 수가 클수록 학자로서의 저명함을 입증하는 '에르되시 수*Erdös number*'가 4가 됨. 시드니평화상*Sydney Peace Prize* 수상. 국제전기전자기술자협회*IEEE* 인텔리전스 시스템*Intelligent Systems*의 '인공지능 명예의 전당'에 오름.

2012년(84세) 4월 맥길 대학교*McGill University* 철학 교수 제임스 맥길브레이*James McGilvray*와의 대담집 《언어의 과학*The Science of Language*》 출간. 2007년에 낸 《촘스키, 우리가 모르는 미국 그리고 세계》에 이어 뉴욕타임스 신디케이트에 기고한 칼럼을 두 번째로 모아 《촘스키, 만들어진 세계 우리가 만들어갈 미래*Making the Future: Occupations, Interventions, Empire and Resistance*》 출간. 2007년 이후의 칼럼에는 북한 이야기도 포함됨. 전해 11월 월스트리트에서 시작된 '점령하라' 운동에 대한 강연과 대담을 엮어 《점령하라*Occupy*》 출간.

2013년(85세) 이모부의 신문 가판대에서 일한 경험 때문인지 오랜 습관이 된, 아침 식사 자리에서 신문 네다섯 개를 읽는 것으로 하루를 시작함. 신문 기사는 그날 강연의 화두가 되고, 자신의 주장을 뒷받침하는 배경이 됨. 1월 《권력 시스템: 글로벌 민주주의 부흥과 미국 제국주의의 새로운 도전 Power Systems: Conversations on Global Democratic Uprisings and the New Challenges to U.S. Empire》(데이비드 바사미언 인터뷰) 출간. 8월 미국 외교전문매체 《포린 폴리시》가 정보자유법 FOIA에 따라 최근 공개한 CIA의 기밀 자료에 따르면, CIA가 1970년대에 촘스키의 행적을 감시했음이 밝혀짐. 9월 영화 제작자이자 탐사 전문 기자인 안드레 블첵 Andre Vltchek과 대담하여 《촘스키, 은밀한 그러나 잔혹한 On Western Terrorism: From Hiroshima to Drone Warfare》 출간.

2014년(86세) 3월 40대 브라질 여성 발레리아 와서먼 Valeria Wasserman과 재혼함. 9월 마커스 라스킨 Marcus Raskin이 서문을 쓴 《인류의 주인들 Masters of Mankind: Essays and Lectures, 1969-2013》 출간.

2015년(87세) 2016년 대통령 선거에 출마를 선언한 버몬트 주 상원의원 버니 샌더스 Bernie Sanders에게 지지를 표명. 9월 헨리 지루 Henry A. Giroux가 서문을 쓴 《우리는 그렇게 말하기 때문이다 Because We Say So》 출간. 12월 로버트 버윅 Robert C. Berwick과 함께 쓴 《왜 하필 우리인가 Why Only Us: Language and Evolution》 출간. 언어학자이자 사회 비평가로서의 성과와 철학을 함축한 《촘스키, 인간이란 어떤 존재인가 What Kind of Creatures Are We?》 출간.

2016년(88세) 터키 대통령 레제프 타이이프 에르도안 Recep Tayyip Erdoğan을, 이슬람국가 ISIS를 지원하면서 테러를 비난한다며 비판함. 자본주의와 경제적 불평등에 대한 견해를 담은 다큐멘터리 〈레퀴엠 포 더 아메리칸드림 Requiem for the American Dream〉 개봉. 11월 《알자지라 Al Jazeera》와의 인터뷰에서 도널드 트럼프 Donald Trump를 "무식하고 신경질적인 과대망상증 환자"라며 "힐러리 클린턴 Hillary Clinton 보다 더 사악"하다고 함. 해킹을 통한 러시아의 미국 대선 개입에 대한 질문에 "가능한 일인데, 미국에서 불만이 제기되는 건 이상한 일"이라고 비꼬며 "미국은 수십 년간 전 세계 선거에 개입"했다고 함.

2017년(89세) 3월 《누가 세계를 지배하는가 *Who Rules the World?*》와 동명의 다큐멘터리 내용을 확장하여 《레퀴엠 포 더 아메리칸드림 *Requiem for the American Dream: The Ten Principles of Concentration of Wealth and Power*》 출간.

현재 미국국립과학아카데미 *National Academy of Sciences*, 미국예술과학아카데미 *American Academy of Arts and Sciences*, 미국언어학회 *Linguistics Society of America*, 미국철학회 *American Philosophical Association*, 미국과학진흥협회 *American Association for the Advancement of Science* 회원이며, 영국학술원 *British Academy* 통신회원 *corresponding fellow*, 영국심리학회 *British Psychological Society* 명예회원 *honorary member*, 독일 레오폴디나 과학아카데미 *Deutsche Akademie der Naturforscher Leopoldina*와 네덜란드 위트레흐프 예술과학회 *Utrecht Society of Arts and Sciences* 회원. 전 세계 수십 개 주요 대학에서 명예박사 학위를 받음. 60여 년간 MIT에서 학생들을 가르쳤으며 120권이 넘는 저서와 1,000편이 넘는 논문을 발표함.

찾아보기

미국이 진정으로 원하는 것
촘스키, 미국이 쓴 착한 사마리아인의 탈을 벗기다

제2차 세계대전 이후로 미국이 세계를 지배한 방식을 촘스키 특유의 신랄하고 냉철한 어조로 비판한다. 유럽과 제3세계, 아시아는 물론이고 카리브 해 연안의 작은 섬나라까지 전 세계의 민주주의의 불꽃을 철저하게 파괴한, 가면을 벗긴 미국 제국주의의 참모습을 촘스키는 기밀문서와 각종 자료를 토대로 분석하고 파헤친다.

문이얼 옮김 | 176쪽 | 값 12,500원

비밀, 거짓말 그리고 민주주의
촘스키, 세계화의 진실과 민주주의의 실상을 밝히다

세계화와 민주주의라는 이름으로 세계 곳곳에서 자행되는 유린의 내막을 촘스키의 시선으로 들여다본다. GATT와 FTA 그리고 신자유주의의 폭력과 자본에 잠식당한 민주주의, 경제 제도, 건강보험과 분배의 불평등 문제를 통해 억압받는 제3세계와 약소국의 실상을 점검하고 세계 민중들의 단결을 촉구한다.

데이비드 바사미언 인터뷰 | 강주헌 옮김 | 280쪽 | 값 14,500원

공공선을 위하여
촘스키, 언론과 결탁한 세계 자본의 위험을 비판하다

오늘날에 비하면 아리스토텔레스의 시대조차 급진적이었다고 할 수 있는 공공선의 문제를 되짚어 지금의 현실을 꼬집는다. 자본이 독재적인 권력을 휘두르는 미국의 비밀을 파헤쳐, 세계 모든 나라를 위협하는 미국 중심의 자본과 언론 권력을 비판한다. 더 나은 세계를 위해 지식인이 해야 할 일 그리고 민중이 할 수 있는 일을 역설한다.

데이비드 바사미언 인터뷰 | 강주헌 옮김 | 240쪽 | 값 15,000원